MW00489316

Nakama 2

Intermediate Japanese: Communication, Culture, Context

SECOND EDITION

Yukiko Abe Hatasa
Hiroshima University

Kazumi Hatasa
Purdue University
The Japanese School, Middlebury College

Seiichi Makino
Princeton University

Prepared by

Satoru Shinagawa
University of Hawaii Kapiolani

HEINLE
CENGAGE Learning

Australia • Brazil • Japan • Korea • Mexico • Singapore • Spain • United Kingdom • United States

For product information and technology assistance, contact us at
**Cengage Learning Customer & Sales Support,
1-800-354-9706**

For permission to use material from this text or product, submit all requests online at **www.cengage.com/permissions**
Further permissions questions can be emailed to
permissionrequest@cengage.com

ISBN-13: 978-0-547-17170-8
ISBN-10: 0-547-17170-6

Heinle
20 Channel Center Street
Boston, MA 02210
USA

Cengage Learning products are represented in Canada by Nelson Education, Ltd.

For your course and learning solutions, visit
www.cengage.com

Purchase any of our products at your local college store or at our preferred online store
www.ichapters.com

Printed in the United States of America
3 4 5 6 7 14 13 12 11

CONTENTS

TO THE STUDENT

The Student Activities Manual (SAM) accompanying *Nakama 2: Intermediate Japanese: Communication, Culture, Context* is designed to increase your accuracy in grammar usage and your knowledge of **kanji**, and to help you develop basic listening comprehension and production skills in Japanese. The exercises and activities in the SAM are divided into two sections for each chapter. The workbook activities consist of vocabulary, grammar, and written exercises, and the lab activities provide listening and oral production exercises. The pages have been perforated so they can be handed in. The three-hole punch design will allow you to hold onto them for reference and test preparation.

The workbook section consists of the supplementary vocabulary activities followed by supplementary grammar practice to complement those in the text. The grammar exercises in the workbook, like those in the textbook, are situation-based and reinforce the basic vocabulary in the textbook. Following an integration section, the writing section (**kaku renshuu**) provides penmanship practice for new **kanji** and exercises that reinforce your usage of **kanji** when writing in Japanese.

The lab activities consist of vocabulary practice, speaking and listening comprehension activities, and a Dict-A-Conversation. Some chapters include an extra section for additional vocabulary practice. The lab section provides supplementary listening and oral production exercises to complement those in the text. The exercises include formation exercises, true/false and multiple-choice exercises, task-based listening activities, and personalized questions. The last section is a dictation practice activity that will allow you to further hone both your listening and writing skills.

Chapter 1

第一課
だい か

Health

健康
けん こう

Workbook Activities

単語の練習　**Vocabulary Practice**
たん　れんしゅう

Answer the following questions in Japanese.

1. よく風邪をひきますか。
　　　　か　ぜ

_____

2. たばこをすったことがありますか。

_____

3. ～さん (*you*) はけんこうだと思いますか。どうしてですか。

_____

4. よく薬を飲みますか。どんな薬を飲みますか。
　　　　くすり　　　　　　　　　くすり

_____

5. おなかがいたい時、何をしますか。

_____

6. どんな時、じゅぎょうを休みますか。
　　　　　　　　　　　　　やすみ

_____

7. 今、つかれていますか。どうしてですか。

_____

I. Expressing capability using the potential form of verbs

A. Fill in the following chart.

	て-form	Potential Forms Present		Potential Forms て-form
		Affirmative	Negative	
寝る	寝て	寝られる	寝られない	寝られて
飲む				
食べる				
書く				
かける				
作る				
あける				
すう				
下げる				
はたらく				
休む やす				
忘れる わす				
切る き				
来る	*	*	*	*
する				

* Write all forms in hiragana.

B. Complete the dialogues by filling in the parentheses with the correct particles, and write the most appropriate verbs from the chart below in the blanks. **Change the verbs into potential forms.** You need to pay attention to the verb tense.

■ Example: A: このかんじ（が）読めますか。

   B: いいえ、<u>読めません</u>。

読む	書く	飲む
会う	寝る	起きる
歩く	する	来る

1. A: 山田さんはテニス（　　　）＿＿＿＿＿＿＿＿。

   B: いいえ、＿＿＿＿＿＿＿＿。

2. 山田：川上さん、おさけ（　　）＿＿＿＿＿＿＿＿。

   川上：ええ、少し＿＿＿＿＿＿＿＿。

3. A: 明日九時（　　）ここ（　　）＿＿＿＿＿＿＿＿。

   B: はい。

4. A: 昨日さとうさん（　　）＿＿＿＿＿＿＿＿。
   きのう

   B: いいえ、＿＿＿＿＿＿＿＿。

5. A: 毎日　朝早く＿＿＿＿＿＿＿＿。
   はや

   B: いいえ、ちょっと…。

6. A: どうしたんですか。

   B: 足がいたくて、＿＿＿＿＿＿んです。

7. A: 日本語（　　）メール（　　）＿＿＿＿＿＿＿＿。

   B: ええ、少し＿＿＿＿＿＿＿＿。

8. A: どうしたの？　ねむそうだね。（ねむい = *sleepy*）

   B: 昨日の晩、ぜんぜん＿＿＿＿＿＿んだよ。
   きのう

C. Describe what each of your family members and friends can or cannot do. Try to use different verbs for each description.

■ Example: <u>私の父はゴルフは出来ますが、スキーは出来ません。</u>

1. _____

2. _____

3. _____

II. Expressing excessiveness using 〜すぎる

Complete the following sentences using すぎる and other appropriate expessions.

| 1 | 2 | 3 |

| 4 | 5 | 6 |

1. このパンツは _____。

2. 客 (customer)「すみません、このシャツはちょっと _____ んですが、
   きゃく
   もう少し _____。」

   店の人「かしこまりました（＝分かりました）。少々おまち下さい (One moment,
   しょうしょう
   please)。」

3. 山本さんはしごとが _____ て、ぜんぜん友達に会えません。
   だち

4. _____、おなかがいたいんです。

5. 今日は _____ から、_____。

6. たばこ _____ のは、_____。

III. Giving suggestions using 〜たらどうですか and 〜方がいいです

A. Each of the following people has a problem. Give suggestions or advice, using 〜たらどうですか.

■ Example:　かんじがむずかしくて、よく分からないんです。
　　　　　　かんじのじしょを買ったらどうですか。

1. のどがいたいんです。
　　薬 _____。
　　くすり

2. 風邪をひいて、熱があるんです。
　　かぜ　　ねつ
　　今日のじゅぎょう _____。

3. 日本語のしゅくだいが多すぎて、おわらないんです。
　　先生 _____。

4. アレルギーがひどいんです。
　　いしゃ _____。

5. １０ポンド (pound) ふとったんです。
　　_____。

6. とてもつかれているんです。
　　_____。

B. Complete the following conversations, using 〜方がいい.

1.　山川：　先生、どうでしょうか。

　　　いしゃ：　熱がありますね。風邪ですね。

　　　山川：　しごとがいそがしくてあまり休めなかったんです。

　　　いしゃ：　あまり ＿＿＿＿＿＿＿＿＿＿＿＿＿＿ よ。よく ＿＿＿＿＿＿＿＿＿＿＿＿＿＿＿＿＿。

　　　山川：　はい。

2.　ホワイト：　しょうらい (*in the future*)、日本ではたらきたいんですが、どうしたら
　　　　　いいでしょうか。

　　　安田：　そうですか。キャリアフォーラム (*career forum*)＿＿＿＿＿＿＿＿＿＿＿＿＿＿＿。

　　　　　それから、日本語の履歴書 (*resumé*)＿＿＿＿＿＿＿＿＿＿＿＿＿＿＿＿＿。

　　　ホワイト：　そうですね。

3.　山本：　あれ？　顔色がわるいけど、どうしたの？

　　　本田：　きのうのパーティで飲みすぎて、ちょっと気分がわるいんだ。

　　　山本：　そう。おさけはあまり ＿＿＿＿ よ。たくさん水を ＿＿＿＿。

　　　本田：　そうだね。わるいんだけど (*sorry, but*)、水をくれない？

IV. Describing what efforts are being made to attain a specific goal using ～ように

Complete the following sentences/dialogues using ～ように.

■ Example:　<u>ふとらないように、</u>毎日うんどうしています。

1. テニス ＿＿＿＿＿＿＿＿＿＿＿＿＿＿＿＿＿、毎日れんしゅうしています (*to practice*)。

2. 日本語 ＿＿＿＿＿＿＿＿＿＿＿＿＿＿＿＿＿、よく日本のアニメを見ています。

3. 風邪 ＿＿＿＿＿＿＿＿＿＿＿＿＿＿＿＿＿、よくオレンジジュースを飲んでいます。
　　かぜ

4. ホワイト：「かんじがたくさんあって、ほんとうに大変なんだ。」
　　　　　　　　　　　　　　　　　　　　　　　　たいへん

　　キム：「むずかしいかんじ ＿＿＿＿＿＿＿＿＿＿＿＿＿＿＿＿＿、フラッシュカードを
　　　　　作ったらどう？」

5. 山本：「明日、朝八時からテストがあるんだよ。」

　　高田：「じゃあ、＿＿＿＿＿＿＿＿＿＿＿＿＿＿＿＿＿、早く寝た方がいいと思うよ。」
　　　　　　　　　　　　　　　　　　　　　　　　　　　はや

6. 先生：「これはとてもだいじ (*important*) だから、＿＿＿＿＿＿＿＿＿＿＿＿＿＿＿、
　　　　　ノートに書いて下さい。」

　　学生：「分かりました。」

V. Making a negative request using ～ないで下さい; expressing unacceptable actions or situations using ～てはいけない; asking for and giving permission using ～てもいい

A. Write a negative request for each situation using ～ないで下さい.

■ Example: あたまがいたい時は、おさけを飲まないで下さい。

1. 気分がわるそうだから、今日のパーティ _____。
　　き ぶん

2. 熱が高い時は、シャワー _____。
　　ねつ

3. せきがひどいから、たばこ _____。

4. おなかがいたい時は、_____。

B. Ask each of the following people for permission using ～てもいい. Choose the correct degree of politeness depending on the situation.

■ Example:　ルームメート
　　　　　　今晩へやでパーティをしてもいい？

1. 医者
　　い しゃ

　　_____

2. 日本語の先生

　　_____

3. ～さん *(you)* のお父さん／お母さん

　　_____

4. 一番いい友達
　　　　　　だち

　　_____

C. Based on the information in the chart, complete the sentences below using ～てもいい／～てはいけない.

	アメリカ	日本
Example 十六さいの人がうんてんする (*to drive*)	○	X
1. きょうしつで何か食べる	○	X
2. 二十さいの人がおさけを飲む	X	○
3. 家の中でくつをはいている	○	X
4. しんごう (*signal*) があかい時にまがる (*turn*)	○	X

■ Example: <u>アメリカでは十六さいの人がうんてんしてもいいですが、日本ではしてはいけません。</u>

1. _____

2. _____

3. _____

4. _____

D. Fill in the blanks with appropriate phrases to complete the dialogues.

1. 学生：先生、すみませんが、英語 _____。
えい

　　先生：　Sure. What would you like to talk about?

2. 田中：高木さん、明日、家にあそびに _____。

　　高木：ええ、どうぞ。何時ごろ来ますか。

3. 学生：先生、すみませんが、しゅくだいを来週の月曜日に _____。

　　先生：いいえ、明日出して下さい。（出す = *to submit*)
　　　　　　　　　だ　　　　　　　　　だ

4. 学生：先生、このしゅくだいなんですけど、ひらがな _____。

　　先生：いいえ、かんじで書いて下さい。ひらがな _____。

5. 　山本：すみません、ちょっとたばこを _____んですが、

　　　　　　_____。

　　スミス：あのう、あそこにノースモーキングのサインがありますよね。ここで

　　　　　　_____んですよ。

　　　山本：分かりました。じゃ、そとに行きます。

6. 山下：先生、コーヒーを _____。

　　医者：そうですね。コーヒーは _____ よ。でも、おさけは
　　いしゃ

　　　　　_____。

総合練習　Integration
そうごう れんしゅう

A　Complete the following conversation using appropriate phrases.

（きょうしつで）

本田：　あれ、ブラウンさん、どう _____ ？気分 _____ だね。

ブラウン：うん。風邪 _____ 、のど _____ んだ。
　　　　　　ぜ

本田：　大丈夫？　熱 _____ ？
　　　　じょうぶ

ブラウン：うん、少し。きのう寒かったんだけど、そとでジョギングを _____
　　　　　　(too much) んだと思う。

本田：　早く医者 _____ どう？むり _____
　　　　いいよ。

ブラウン：そうだね。じゃあ、後で (later) 行くよ。
　　　　　　あと

（クリニックで）

医者：どうしましたか。

ブラウン：きのうから、気分 _____ んです。

医者：そうですか、風邪ですね。何か食べましたか？
　　　　　　　　　　ぜ

ブラウン：いいえ、のど _____ 、何も _____ んです。

医者：何かやわらかい (soft) もの _____ いいですよ。おかゆ (rice
　　　porridge) やスープは体にいいですから。

ブラウン：分かりました。あのう、おふろ _____ 。

医者：いいえ、おふろ _____ 下さい。でも、シャワー
　　　_____ いいですよ。

ブラウン：そうですか。先生、明日、じゅぎょう _____ でしょうか。

医者：じゅぎょうですか。_____ いいですよ。　二、三日家で
　　　_____ どうですか。

ブラウン：分かりました。そうします。

医者：お大事に。
　　　　じ

B. Read the passage that ジョン・ホワイト wrote and answer the questions that follow.

　ぼくは、去年の九月から大阪にある大学に留学して、日本語を勉強しています。今、ホストファミリーの森さんの家族と一緒に住んでいます。小学生の子供が二人いるからにぎやかなんですが、サラリーマンのお父さんは、毎日家に帰ってくるのがとてもおそいんです。子供たちはたいてい早く寝てしまうから、ぜんぜんお父さんと会えないし、もちろん一緒にごはんも食べられません。お父さんは毎日会社までバスと電車にのって行きますが、片道二時間もかかる ¹そうです。会社では残業があるから、いつもとてもつかれていて、ストレスもたくさんあり ²そうです。それに、たばこもたくさんすうし、お酒も飲むし、あまり体にいいものを食べていなさ ³そうなんです。私はそんな働きすぎているお父さんを見ていて、とても心配です。お父さんは「ひどい病気にならないように、むりはしないよ。」と言いますけど、ほんとうに大丈夫でしょうか。

片道 = one way　　残業 = overtime　　心配 = worry

1. 大学 is a noun that is modified by a preceding clause. Underline the modifying clause in the passage.

2. Which function does the following そう have? Choose the appropriate option.

　　1. (hearsay/seems)　　　2. (hearsay/seems)　　　3. (hearsay/seems)

3. 森さんのお父さんはどうしたらいいと思いますか。アドバイスを書いて下さい。

書く練習
れんしゅう

A. Look at the chart on pages 67–69 of your textbook and write each **kanji** ten times using the handwritten style.

病
院
医
者
体
歯
変
熱
薬
顔
色
指
切
歩
走

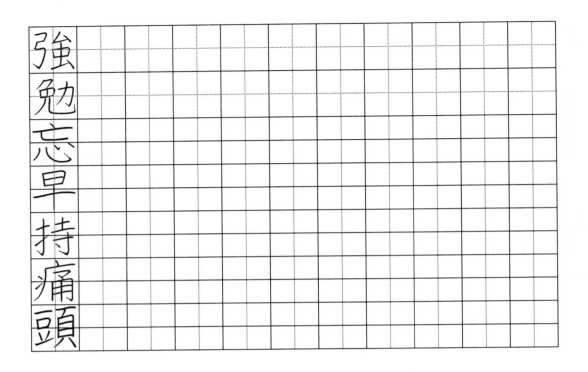

強
勉
忘
早
持
痛
頭

C. Rewrite each sentence using kanji, hiragana, and katakana.

1. からだにいいから、まいあさはやくおきて、いちじかんぐらいはしっています。

_____

2. おとうとはねつがあって、びょういんにいったそうです。

_____

3. きょうはさむいけど、かぜはよわそうです。

_____

4. いちにちにさんかい、このくすりをのんだほうがいいです。

_____

5. ゆびをきって、あるいていしゃにいきました。

_____

6. はがいたいときは、ちょこれーとをたべてはいけません。

_____

7. ほわいとさん、かおいろがわるいですね。ちょっとやすんでください。

_____

8. たいへんだ！　にほんごのしゅくだい、わすれた。

_____

ラボの練習　Lab Activities
れんしゅう

Part 1: Speaking and Listening Comprehension Activities

I. Expressing capability using the potential form of verbs

A. Listen to each of the following verbs and say the present potential forms. You will then hear the correct response. Repeat and then write the correct response.

■ You hear:　　　　　歩く
　　　　　　　　　　ある

　You say:　　　　　歩ける歩けない
　　　　　　　　　　ある　　ある

　You hear:　　　　　歩ける歩けない
　　　　　　　　　　ある　　ある

　You repeat and write:　歩ける歩けない
　　　　　　　　　　　　ある　　ある

1. _____

2. _____

3. _____

4. _____

5. _____

6. _____

7. _____

8. _____

B. Listen to each of the following questions in Japanese and write your answer.

■ You hear: どんなスポーツが出来ますか。
       <ruby>出来<rt>でき</rt></ruby>

  You write: テニスやスキーが出来ます。
              <ruby>出来<rt>でき</rt></ruby>

  1. _____

  2. _____

  3. _____

  4. _____

  5. _____

  6. _____

II. Expressing excessiveness using 〜すぎる

Respond to the following questions using すぎる.

■ You hear: スミスさん、たくさん買いましたねえ。

You say: ちょっと買いすぎましたかもしれませんね。

You hear: ちょっと買いすぎたかもしれませんね。

You repeat and write: <u>ちょっと買いすぎたかもしれませんね。</u>

1. _____

2. _____

3. _____

4. _____

5. _____

6. _____

III. Giving suggestions using 〜たらどうですか and 〜方がいいです

A. Listen to each of the following conversations and complete the statement in English.

■ You hear:　A: どうしましたか。

　　　　　　　　B: 熱があるんです。
　　　　　　　　　　ねつ
　　　　　　　　A: 今日はしごとを休んだらどうですか。
　　　　　　　　　　　　　　　　　やす

You see:　　The woman suggests that the man _____

You write:　The woman suggests that the man <u>take a day off from work.</u>

1. The woman suggests that the man _____

2. The woman suggests that the man _____

3. The woman suggests that the man _____

4. The man suggests that the woman _____

5. The man suggests that the woman _____

6. The man suggests that the woman _____

B. Listen to each of the following suggestions and write one possible situation for each suggestion.

■ You hear:　あまり食べない方がいいですよ。

You write:　おなかがいたい or ふとっている

1. _____

2. _____

3. _____

4. _____

5. _____

6. _____

7. _____

8. _____

IV. Describing what efforts are being made to attain a specific goal using ～ように

Describe your efforts using ～ように～ています. First listen to the specific goal and complete the statement using one of the following phrases from the list.

■ You hear: 風邪をひきません。

You say: 風邪をひかないように、よく寝ています。

You repeat and write: <u>風邪をひかないように、よく寝ています。</u>

よく寝る	よくカラオケに行く
毎日二時間勉強する	よく休む
毎日ジョギングをする	一週間に三回アルバイトをする

1. _____

2._____

3._____

4._____

5._____

V. Making a negative request using 〜ないで下さい ; expressing unacceptable actions or situations using 〜てはいけない ; asking for and giving permission using 〜てもいい

A. Listen to the dialogue and answer the questions.

■ You hear:　A:　あのう、ちょっと。

　　　　　　　B:　あ、何ですか。

　　　　　　　A:　あまり大きいこえで話したり、わらったりしないで下さい。みんな、勉強しているんですから。
　　　　　　　　　　　　　　　　　　べんきょう

　　　　　　　B:　あ、どうもすみません。

You see:　ここはどこですか。

You write:　としょかんです。

1. この人はりんごを食べてもいいですか。

　　_____

2. スミスさんはきょうしつで何をしましたか。

　　_____

3. 名前は何語で書くんですか。
　　なまえ

　　_____

4. 辞書を見てもいいでしょうか。
　　じしょ

　　_____

5. 今どこにいますか。

　　_____

B. You will hear a series of cues. After each cue, form a question that asks for permission. You will then hear the correct question. Write the question.

■ You hear: ここで寝る

　　You say: ここで寝てもいいですか。

　　You hear: ここで寝てもいいですか。

　　You write: <u>ここで寝てもいいですか。</u>

1. _____

2. _____

3. _____

4. _____

5. _____

C. Listen to each of the following dialogues between スミスさん and his host mother in Japan. Look at the topics below. If the request is granted, circle はい; if it is not granted, circle いいえ.

　　　　一人で = on one's own; by oneself

1. 週末パーティに行く　　　　はい　　　　いいえ

2. 午前三時ごろ家に帰る　　　はい　　　　いいえ

3. くるまで行く　　　　　　　はい　　　　いいえ

4. ビールを飲む　　　　　　　はい　　　　いいえ

5. 一人で行く　　　　　　　　はい　　　　いいえ

Part 2: Dict-A-Conversation

スミスさんは田口さんに会いました。田口さんはちょっと顔色がわるいです。
かおいろ

スミス：_____

田口：_____

スミス：_____

田口：_____

スミス：_____

田口：_____

スミス：_____

田口：_____

Chapter 2
第二課
<small>だい か</small>
Travel Plans
旅行の計画
<small>りょう こう　けい かく</small>

Workbook Activities

単語の練習　Vocabulary Practice
<small>たん　れんしゅう</small>

A. しつもんに日本語で答えて下さい。

1. 毎日どのぐらいコンピューターをつかいますか。

_____

2. 旅行の時、どんなものを持って行きますか。
<small>りょうこう</small>　<small>も</small>

_____

3. 日本の旅館に泊まったことがありますか。
<small>りょかん　と</small>

_____

4. けいたい電話はべんりでしょうか。どうしてですか。
<small>でん</small>

_____

5. たいていレストランでいくらぐらいはらいますか。

_____

B. Fill in the blanks with the appropriate words.

1. _____ は飛行機が着くところです。

2. このホテルのへやはまどのそとがうみで、とても _____ がいいです。

3. たいてい _____ を買って、でんしゃや地下鉄 (subway) にのります。

4. 週末レストランで食事したいので、_____ した方がいいです。

5. _____ は旅行の時に買うものです。

C. Fill in the blanks with the most appropriate conjunctions from the box. Use each one only once.

その前に	その後で	ところで
だから	だけど	また

1. 風邪をひいたので、昨日薬を飲みました。( ) 、今日も気分がわるいんです。

2. 今日、彼女 (girlfriend) と一緒に映画を見たんだ。( ) 、新しい和食のレストランに行ったんだけど、ちょっと高すぎたと思う。

3. 今、大学のりょうにすんでいて、毎日学食に行きます。( ) 、じぶんで (on my own) りょうりを作らなくてもいいんです。

4. 今年の夏、日本に勉強しに行きたいです。( ) 、パスポートをとらなくてはいけません。

5. ホワイトさんはフランス語とスペイン語がとても上手に話せます。( ) 、中国語も分かるそうです。

I. Expressing occasion and time using 時

A. Choose the correct form with 時.

1. 日本に { 行く／行った } 時、パスポートをとりました。

2. 日本の家に { 入る／入った } 時、くつをぬいで下さい。(ぬぐ = *to take off*)

3. A: ホテルに { 着く／着いた } 時、へやから電話してくれない？

B: うん、分かった。

4. { 出かける／出かけた } 時、コートを持って行きました。

5. 飛行機の切符を { 予約する／予約した } 時、クレジットカードの番号 (*number*) がいると思います。

B. Combine the following sentences using 時.

■ Example:　妹が日本に行きます。その時、妹の友達も行くそうです。

　　　　　　<u>妹が日本に行く時、妹の友達も行くそうです。</u>

1. 日本に行きます。その時、きょうとでかんこうしたいです。

　　_____

2. 弟が風邪をひきました。その時、私は弟と病院に行きました。

　　_____

3. 旅行に行きました。その時、新しいスーツケースを買いました。

　　_____

4. 三時間うんどうをしました。その時、とてもつかれました。

　　_____

5. 家に帰りました。その時、両親はいませんでした。

　　_____

C. Complete the following sentences using the appropriate phrases with a verb.

■ Example: <u>日本に行った</u>時、東京ディズニーランドへ行きます。

1. ＿＿＿＿＿＿＿＿＿＿＿＿＿＿時、めがねをかけます。

2. パーティに行く時、＿＿＿＿＿＿＿＿＿＿＿＿＿＿＿＿＿。

3. ＿＿＿＿＿＿＿＿＿＿＿＿＿＿＿＿＿＿＿＿、おみやげを買いました。

4. 友達が家にあそびに来る時、＿＿＿＿＿＿＿＿＿＿＿＿＿＿＿。

5. お金をぜんぶ (all) つかった時、＿＿＿＿＿＿＿＿＿＿＿＿＿。

II. Expressing intention and plans using the volitional form of the verb + と思う

A. Complete the following chart. All verbs should be in the plain form.

Dictionary Form	Verb class (る/う/irr.)	Present Negative	Past Affirmative	Past Negative	Volitional Form
しらべる					
さがす					
答える こた					
つかう					
出る					
来る		*	*	*	*
着く つ					
予約する よやく					
はらう					

* Write all forms in **hiragana**

B. Complete the following sentences using the volitional form of the verb + と思っています.

1. 来週日本語のテストがあるから、今週末は _____。

2. 昨日うんどうをしすぎたので、今日は _____。

3. かんじを忘れないように、_____。

4. ちょっとのどがいたいから、_____。

5. 来年日本に行けるように、_____。

III. Expressing intention and plans using the plain present form of verb + つもり or 予定
よ てい

A. Complete the following dialogues.

■ Example: A: 来年、中国に<u>行く</u>予定ですか。
よ てい

   B: ええ、夏休みに友達と<u>行く</u>予定です。
だち   よ てい

1. A: 明日もこの旅館 _____予定ですか。
りょうかん   よ てい

   B: いいえ、_____予定です。
よ てい

2. A: 冬休みに日本語の勉強 _____つもりですか。

   B: ええ、_____。

3. A: 春休みに何 _____予予定ですか。
よ てい

   B: 友達とメキシコに行って、_____つもりなんです。
だち

   A: そうですか。何日ぐらい _____。

   B: カンクンのホテルに四泊する _____。
はく

4. A: 来年、日本 _____予定ですか。
よ てい

   B: ええ、北山大学 _____。

   A: それはいいですね。日本で何 _____。

   B: そうですね。かぶきを見に行ったり、_____たり _____
   つもりですよ。もちろん (of course) 日本語が上手になるように、
   毎日 _____ですよ。

5. A: 週末、何か予定がありますか？
よ てい

   B: そうですね、来月ヨーロッパに旅行に行くので、インターネットをつかっていろ
   りょこう
   いろ _____つもりです。そして、飛行機やホテル _____
   つもりなんです。

   A: そうですか。インターネットはとてもべんりですからね。

6. A: 今晩お母さんに電話 _____つもり？
でん

   B: ううん、とてもいそがしいから、_____つもり。

   A: そう。私は電話 _____けど、メール _____つもりだよ。
でん

IV. Using もう and まだ

A. Fill in the blanks with もう or まだ.

■ Example:　A:　<u>もう</u>朝ごはんを食べましたか。

　　　　　　　B:　ええ、食べました。

1. A:　_____帰らないんですか。

　　B:　ええ、しごとがあるんです。

2. A:　アルバイトはどうしたんですか。

　　B:　新しいフルタイムのしごとがあるので、_____していません。

3. A:　あれ？アリス、どこ？

　　B:　_____寝てるよ。昨日_{きのう}おそかったんだって。

4. A:　風邪_{かぜ}は _____ よくなりましたか。

　　B:　いいえ、_____よくなっていません。

5. A:　山田さんはその本を_____持っているんですか。

　　B:　ええ、とても好きなんだそうです。

6. A:　そとは _____ 雨がふっていますか。

　　B:　いいえ、_____ふっていません。でも、風は強いですよ。

B. Complete the following dialogues using appropriate verb endings.

■ Example:　A:　もう新しいくるまを<u>買いましたか</u>。（買う）

　　　　　　B:　いいえ、まだ<u>買っていません</u>。（買う）

1. A:　どうしてもう＿＿＿＿＿＿＿んですか。(食べる)

　　B:　今日のあさ、ちょっと食べすぎたので….。

2. A:　中村さんはまだその会社 (company) で＿＿＿＿＿＿＿＿。(はたらく)

　　B:　いいえ、もう　＿＿＿＿＿＿＿＿＿。(はたらく)

3. A:　あれ、川口さんがいませんね。

　　B:　もう＿＿＿＿＿＿＿＿＿よ。(出かける)

5. A:　先生、すみません。今日のしゅくだいがまだ＿＿＿＿＿＿＿＿＿ん
　　　　ですが…。(終わる)

　　B:　じゃあ、今日出さなくてもいいですよ。明日出して下さい。

6. A:　ロンドンで泊まるホテル、もう＿＿＿＿＿？（きめる）

　　B:　ううん、まだ＿＿＿＿＿＿＿だ。（しらべる）

V. Expressing conditions and sequence using ～たら

A. Make a question changing the first statement into たら clause. Then answer the question.

■ Example: 日本語が上手になる／何ができる？

A: <u>日本語が上手になったら、何ができると思いますか。</u>

B: <u>日本語の先生になれると思います。</u>

1. お金がたくさんある／何がしたい？

A: _____ですか。

B: _____

2. 大学をそつぎょうする (*graduate*) ／何をする予定？

A: _____ですか。

B: _____

3. いそがしくない／何がしたい？

A: _____思いますか。

B: _____

4. 明日いい天気／　何をしようと思う？

A: _____

B: _____

5. 男 or 女／何がしたい？　(Choose the opposite sex)

A: _____

B: _____

6. 週末あたたかい／何をするつもり？

A: _____

B: _____

B. Complete the following dialogue using たら + the verb past tense. Make sure the event in the main clause is uncontrollable to the speaker and expresses surprise or realization.

■ Example:　　A: ミルクを飲んだら、<u>おなかがいたくなった</u>んです。

　　　　　　　B: ミルクが古かったのかもしれませんね。

1. A: どうして昨日のパーティに来なかったんですか。

   B: へやに帰ったら、＿＿＿＿＿＿＿＿＿＿＿＿＿んです。

   A: そうですか。

2. A: 山本さん、お買いものですか。

   B: ええ、ちょっと。きのうデパート＿＿＿＿＿＿＿＿＿＿＿、休みだったんですよ。

   A: そうですか。

3. A: どうしたんですか。気分がわるそうですね。

   B: きのう暑かったので、まどをあけて寝たら、＿＿＿＿＿＿＿＿＿＿＿んです。

   A: そうですか。お大事に。

4. A: どうしたの、その足？

   B: フットボールを＿＿＿＿＿＿＿＿＿＿＿、＿＿＿＿＿＿＿＿＿＿＿んだ。

   A: それは大変だね。

5. A: 昨日の夜は寒かったね。

   B: うん。けさ＿＿＿＿＿＿＿＿＿＿＿、＿＿＿＿＿＿＿＿＿＿＿んだよ。

   A: 今日はむりをしないでくださいね。

総合練習　Integration
そうごう れんしゅう

A. リサ・ジョーンズさんは時々日本語でブログを書いています。下のポストを読んで、しつもんに答えて下さい。

2009 年 9 月 20 日

みんな、元気でやってますか？　私は毎日大学の授業が大変なんだけど、今、冬休みの旅行計画をたてています。そうです、ついに日本に行きます！　日本語の勉強をはじめてからずっと行きたかったけど、{　A　} 行ったことがないんです。今、友達のアリスさんが日本にいるから、会いに行くつもりです。十二月二十八日にシカゴを出て、二十九日に成田空港に着く予定です。[　①　]、東京に行ってアリスさんのアパートに 1 週間ぐらい泊まろうと思っています。アメリカに帰るのは一月十日の予定だから、東京を観光した後、新幹線で京都と大阪に行くつもり…. すごく楽しみ！

東京でしたいと思ってることはたくさんあるんだけど、一番行きたいところは、秋葉原！　私は子供の時から、アニメやマンガが大好きだったから、ポップカルチャー（大衆文化）の町アキバ（＝秋葉原）に行ったら、たくさん買い物がしたい。そこにはカメラやコンピューターを売っている店もたくさんあるから、テクノロジーのまちって言う人もいます。そして、今では海外から来た観光客もたくさんいるそうです。[　②　]、アキバは外国でも有名で、それに免税店もたくさんあるからなんですよ。

今、ガイドブックを読んでいろいろなことをしらべたり、インターネットでホテルをさがしたりしています。旅行のじゅんびをするのは楽しいね。じゃあ、今日はここまで。またポストします。

ことばのリスト

ついに = finally　　　　売る = to sell　　　　免税店 = duty-free shop
　　　　　　　　　　う　　　　　　　　　　　めんぜいてん

1. Which is more appropriate for { A }? Circle one.

   もう／まだ

2. Choose the most appropriate transitional words for ① and ②.

   ① =　　　　　　　　　　　② =

だから	けれども	というのは
その間	その後で	その前に

3. What does [そこ] refer to? Rephrase it using another Japanese word.

[そこ] = _____

4. [観光客] is a noun that is modified by a preceding clause. Underline the modifying clause in the passage.
かんこうきゃく

5. ○ X をつけなさい (to put)。(○ = True, X = False)

( ) ジョーンズさんは、シカゴを出たつぎ (next) の日に日本に着く予定だ。

( ) ジョーンズさんは、日本に二週間ぐらいいる予定だ。

( ) ジョーンズさんは、京都に行った後で東京に行く。
きょうと　　　　　　　とうきょう

( ) アキバには、アニメやまんがの店があるそうだ。

( ) 今、たくさんの外国人がアキバを知っているそうだ。

B. リサ・ジョーンズさん is making a phone call to the Hotel Kinoshita in Kyoto to make a reservation. Complete the following dialogue.

ホテルの人：　はい、ホテル木下でございます。
きのした

ジョーンズ：　あのう、すみません。_____たいんですけど。

ホテルの人：　ご予約でございますね。ありがとうございます。いつお泊まりでしょうか。

ジョーンズ：　１月５日から７日まで _____ 思っているんですけど。

ホテルの人：　お一人ですか？

ジョーンズ：　ええ、そうです。シングルのへやは _____ ？

ホテルの人：　一泊６５００円 _____、二泊で１３０００円でございます。

ジョーンズ：　そうですか。あの、たばこ _____ ？

ホテルの人：　もうしわけありません (I am sorry)。たばこは _____ ん
ですが、よろしいですか？

ジョーンズ：　あ、分かりました。大丈夫です。じゃあ、そのへやをおねがいします。京都
じょうぶ　　　　　　　　　　　　　　　　　　　　　　　　　　　　きょうと
駅から _____ ？
えき

ホテルの人：　そうですね、あるいて十五分ぐらいですが、駅 _____ 時、
えき
お電話をかけて下さいませんか。そうしたら、すぐホテルの車でおむかえに
でん　　　　　　　　　　　　　　　　　　　　　　　　　　　くるま
行けますが。

ジョーンズ：　それはいいですね。駅 _____ ら、電話します。
えき　　　　　　　　　　　　でん

● # 書く練習
れんしゅう

A. Look at the chart on pages 113–114 of your textbook and write each **kanji** ten times using the handwritten style.

海										
外										
国										
旅										
館										
予										
定										
約										
計										
画										
荷										
物										
答										
知										
泊										

乗
着
名
空
森
林

B. Rewrite each sentence using **kanji**, **hiragana**, and **katakana**.

1. かいがいりょこうだから、もっていくにもつがおおいんです。

_____

2. よーろっぱのくににいったとき、とてもふるいほてるにとまりました。

_____

3. しゅうまつ、でんしゃにのって、ぼすとんにいくよていです。

_____

4. りょかんのよやくをするのを、わすれないでください。

_____

5. いべんとのけいかくを　はやくたてたほうがいいです。

_____

6. きょうはさむいから、せーたーをきたらどうですか。

_____

7. あのがくせいのなまえをしりません。

_____

8. しつもんには、にほんごでこたえてください。

_____

ラボの練習 　Lab Activities
れんしゅう

Part 1: Speaking and Listening Comprehension Activities

I. Expressing occasion using 時

Listen to each statement with 時 and put ◯ or X.

■ You hear: 私はニューヨークに住んでいます。夏休みに日本に行った時、おみやげを
たくさん買いました。

You see: この人は日本でおみやげを買いました。

You write: ◯ because according to the statement, the person bought a souvenir after going to Japan.

1. (　　) この人はイタリアでこの辞書を買いました。
じ

2. (　　) この人は、サンフランシスコでガイドブックを読みました。

3. (　　) この人は、きのうの晩、家で友達と電話で話しました。
だち

4. (　　) 東京で高橋さんにメールを書いた方がいいです。
きょう　　はし

II. Expressing intention and plans using the volitional form of the verb + と思う

Change the verb into its volitional form and add と思います. Then, write the sentence.

■ You hear:　日本に行く。

　　You say:　　日本に行こうと思います。

　　You hear:　日本に行こうと思います。

　　You write: <u>日本に行こうと思います。</u>

1. _____

2. _____

3. _____

4. _____

5. _____

6. _____

7. _____

8. _____

III. Expressing intention and plans using the plain present form of verb + つもり or 予定

よ てい

Answer each question with 〜つもりです or 〜予定です. Then, write your answer.

よ てい

■ You hear: 　　　　　　今晩、何をしますか。

　You say and write: 　<u>友達と映画を見る予定です。</u>

　　　　　　　　　　　だち　えいが　　　　　よ てい

1. _____

2. _____

3. _____

4. _____

5. _____

6. _____

7. _____

IV. Using もう and まだ

A. Listen to the dialogues and circle the correct meaning of もう or まだ.

■ You hear: A: スミスさんは来ていますか。

             B: いいえ、まだ来ていません。

You see: already   not yet   still   not anymore

You circle 'not yet' because B says that Smith-san has not come yet.

1. already   not yet   still   not anymore

2. already   not yet   still   not anymore

3. already   not yet   still   not anymore

4. already   not yet   still   not anymore

5. already   not yet   still   not anymore

6. already   not yet   still   not anymore

B. Listen to each question followed by はい or いいえ. Complete your answer using もう or まだ. You will then hear the correct answer. Repeat and write it.

■ You hear: スミスさん、もう起きていますか。　いいえ

You say: いいえ、まだ起きていません。

You hear: いいえ、まだ起きていません。

You repeat and write: <u>いいえ、まだ起きていません。</u>

1. _____

2. _____

3. _____

4. _____

5. _____

6. _____

7. _____

8. _____

V. Expressing conditions and sequence using 〜たら

A. Listen to the dialogues and complete the sentences using たら.

■ You hear:　A: スミスさん、日本へ行ったらどうする？

　　　　　　　B: 田中さんに会いに行くつもりだよ。キムさんは？

　　　　　　　A: ぼくは京都に行こうと思ってるんだ。

You write: キムさんは日本に行ったら、京都に行こうと思っています。

1. はやしさんは_____、足がいたくなりました。

2. 男の人は_____、出かけるつもりです。

3. この人たちは_____、テニスをするでしょう。

4. 子供は_____、あそびに行けます。

5. 女の人は_____、友達が来ていたので、ミーティングに行きませんでした。

B. Make a sentence by changing the cue into たら clause and write it.

■ You hear:　日本語がとても上手です。

You say:　　日本語がとても上手だったら

You hear:　　日本語がとても上手だったら

You write: 日本語がとても上手だったら、日本語の先生になれるでしょう。

1. _____

2. _____

3. _____

4. _____

5. _____

Part 2: Dict-A-Conversation

Your friend Yamada-san approaches you, Smith, to ask about your plans for spring break.

山田： _____

スミス： _____

山田： _____

スミス： _____

山田： _____

スミス： _____

山田： _____

スミス： _____

Chapter 3

第三課
だい　か

Preparing for the future

将来のために
しょう　らい

Workbook Activities

単語の練習　Vocabulary Practice
たん　れんしゅう

A. 質問に日本語で答えて下さい。
しつもん

1. 卒業の後で、どんな会社にしゅうしょくしたいと思っていますか。
そつぎょう　　　　　　　　　　しゃ

_____

2. ひっこしたことがありますか。いつ、どこからどこへひっこしましたか。

_____

3. ～さん (*you*) の国では、たいてい結婚式でどんなことをしますか。せつめいして (*explain*)
けっこんしき
下さい。

_____

_____

4. 将来、ご両親と同じ仕事をしたいと思いますか。それはどうしてですか。
しょうらい　　　　おな　しごと

_____

5. 年をとったら、何さいぐらいで仕事をやめたいと思いますか。
しごと

_____

B. Complete the following table of expressions with the appropriate transitive and intransitive verb pairs along with their correct て-forms.

Transitive verbs	て-form	Intransitive verbs	て-form
ドアを		ドアがしまる	しまって
まどをあける			
授業をはじめる （じゅうぎょう）			
		ミーティングがおわる	
		電気がつく （でんき）	
電気をけす （でんき）			
おゆをわかす			
		コーラが冷える	
時間をかける			
		えんぴつがはこに入る	
えんぴつをはこから 出す			
子供を起こす			
コンピュータを なおす			
		お金がおちる	
		学生があつまる	
ばしょをきめる			
		本が本だなにもどる	
Tシャツをよごす			
		カタカナがまちがっている	
		仕事がつづく （しごと）	
食べ物をのこす			
		せんこうが変わる	
子供をくるまに 乗せる			
		おなじ仕事がつづく （しごと）	

C. Circle the appropriate verbs.

1. このへやはちょっと暑いから、まどを { あけて／あいて } くれませんか。

2. 昨日どこかでお金を { おとした／おちた } から、クレジットカードをつかいたいんです。

3. 風が強いから、ドアが { しめそうです／しまりそうです }。

4. 天気予報を見たいんですが、テレビを { つけて／ついて } 下さい。

5. 台風が来たから、電気がぜんぶ { けしました／きえました }。

6. おゆが { わかした／わいた } ら、おちゃを入れましょう。

7. パーティの前に、飲み物を { 冷やした／冷えた } 方がいいよ。

8. いいデータが { あつめた／あつまった } ら、レポートが書けると思うんだけど。

9. レストランでアイスクリームをひざ (lap) に { おとして／おちて }、ふくが { よごしました／よごれました }。

10. 来月のイベントのばしょを { 決めた／決まった } 方がいいと思うんですが。

11. 今ひいているかぜが { なおした／なおった } ら、一緒に買い物に行かない？

12. 漢字を { 間違えない／間違っていない } ように、もっと勉強するつもりです。

I. Expressing chronological order using 前 and 後

A. Complete the following sentences with verb + 前 (に) or verb + 後 (で).

1. _____、パスポートをとるのを忘れないで下さいね。

2. _____、シャワーをあびました。

3. _____、教科書をよく読んだ方がいいよ。
きょう か

4. _____、インターネットでいろいろなホテルをしらべました。

5. _____、友達に電話をかけようと思ってるんだ。
ともだち でん き

6. _____、どこか外国に留学したいとかんがえています。
りゅうがく

B. Change the following paragraph using 前 and 後

■ Example: 明日は友達とカフェで朝ごはんを食べるつもりです。そして、図書館で勉強しよう
ともだち と かん
と思います。

明日は友達とカフェで朝ごはんを食べた後、図書館で勉強しようと思います。
だち と かん

明日朝十時にニューヨークに着きます。その後、ホテルまでバスで行きます。そして、
チェックインをしますが、その前にチャイナタウンで昼ごはんを食べます。午後はデパートに
買い物に行く予定です。買い物の後は、カフェでコーヒーを飲みたいです。夜はブロードウェー
でミュージカルを見ますが、晩ごはんはその前にどこかで食べます。その後、ホテルに帰って
よる
休みます。でも、その前にホテルのバーで三十分ぐらいワインを飲むつもりです。

_____

_____

_____

_____

_____

_____

II. Talking about preparations using 〜ておく; expressing completion, regret and the realization that a mistake was made using 〜てしまう

A. Complete the following sentences using 〜ておく.

■ Example:　学校へ行く前に　<u>シャワーをあびておきます。</u>

1. 両親がここに来る前に _____。

2. 旅行に行く前に _____。

3. しゅうしょくする前に _____つもりです。

4. パーティをはじめる前に _____ 下さい。

5. 天気がわるくなる前に _____ 方がいいと思うよ。

6. けっこんする前に _____ たいと思います。

7. 今の仕事をやめる前に _____ たらどう？
　　　しごと

B. Complete the following dialogues using 〜てしまう.

■ Example: A: 南さん、まだ会社にのこっているんですか。

B: ええ、今晩この仕事<u>をしてしまい</u>たいんです。
　　　　しごと

A: そうですか。大変ですね。

1. A: 一緒に昼ごはんを食べませんか。
　　　　ひる

　 B: あ、もう＿＿＿＿＿＿＿＿＿＿＿＿＿んですよ、すみません。

2. A: きのう病院に行ったんですよ。

　 B: えっ、どうしたんですか。

　 A: サッカーをしすぎて、けが＿＿＿＿＿＿＿＿＿＿＿んです。

　 B: どうぞお大事に。
　　　　　　　じ

3. A: 冷蔵庫 (refrigerator) にあったワイン、どうしたの。
　　　ぞうこ

　 B: もう昨日ぜんぶ (all) ＿＿＿＿＿＿＿＿＿＿＿＿＿よ。

4. A: どうしたんですか。

　 B: タクシーの中にかばん＿＿＿＿＿＿＿＿＿＿＿＿＿んです。

　 A: そうですか、タクシー会社に電話した方がいいですよ。
　　　　　　　　　　しゃ　でんわ

5. A: 宿題、ぜんぶおわった？

　 B: ううん、まだおわってないんだけど、今晩、れきしのレポート

　　　＿＿＿＿＿＿＿＿＿＿つもりなんだ。

6. A: どうしたんですか？　気分がわるそうですけど…。

　 B: うん….ちょっと食べすぎ＿＿＿＿＿＿んです。昨日の晩、のこっていた

　　　ケーキをぜんぶ＿＿＿＿＿＿＿＿、おなかがいたくなっちゃって。

　 A: くすり、飲んだ方がいいですよ。

III. Using transitive and intransitive verbs; expressing results of intentional actions using 〜てある

A. Look at the picture of Mr. Ishida's room and describe the following items using 〜ています.

1. (hot water) _____

2. (door) _____

3. (TV) _____

4. (cola) _____

5. (window) _____

6. (lamp) _____

B. Look at the picture of Mr. Ishida's room and describe the following items using 〜てあります.

1. (cola) _____

2. (door) _____

3. (candle) _____

4. (TV) _____

5. (window) _____

6. (flowers = はな) _____

   * かびん = vase

C. Complete the following dialogues using appropriate phrases.

 1 2 3

1. A: あれ？おゆ _____ いますね。

　　B: ええ、もうすぐ (soon) 友達が来るからおちゃをいれようと思って、_____
　　　　あるんですよ。

　　A: あ、そうですか。

2. A: あれ？まど _____ いますね。

　　B: ええ、ちょっと暑いから、_____ あるんですよ。

　　　　すみませんけど、_____ おいて下さい。

3. A: あれ？あのテレビ、_____ いるね。

　　B: うん、もうすぐおもしろいドラマ _____ から、_____
　　　　あるんだ。だから _____ おいてくれない？

　　A: いいよ、分かった。

D. Tanaka-san and Smith-san are co-workers at a company, and they are going on a business trip together. Tanaka-san has made a checklist of things to do before the trip as shown in the following chart. Items with a checkmark indicate what has already been done. Complete the dialogue with the appropriate phrases.

✓飛行機の切符を買う	✓荷物をスーツケースに入れる
✓ホテルの予約をする	いいレストランや店をさがす
ガイドブックを買う	レンタカーの予約をする
✓バスの時間をしらべる	✓ちずを買う
薬をスーツケースに入れる	オフィスのそうじをする

スミス： 田中さん、飛行機の切符は買いましたか。

田中： ええ、もう ＿＿＿＿＿＿＿＿ ありますよ。

スミス： そうですか。ホテルの予約は？

田中： もう ＿＿＿＿＿＿＿＿ ありますよ。でも、レンタカーはまだ予約 ＿＿＿＿＿＿ ないんですけど。いるでしょうか？

スミス： そうですねえ、レンタカーの予約は ＿＿＿＿＿＿＿＿＿＿ かもしれませんね。くうこうに着いてから、かんがえませんか。

田中： ええ、そうしましょう。もうちずが ＿＿＿＿＿＿＿＿ あるから大丈夫ですよ。バスの時間も ＿＿＿＿＿＿＿＿＿ あるんです。

スミス： もうガイドブックを買いましたか？

田中： いいえ、まだ ＿＿＿＿＿＿ いないんです。

スミス： じゃあ、ぼくが ＿＿＿＿＿＿＿＿ おきますよ。田中さん、もう荷物はスーツケースに入れましたか？

田中： ええ、もう ＿＿＿＿＿＿＿＿ ありますよ。でも、まだ薬は ＿＿＿＿＿＿＿ いないんです。それに、時間がなくて、いいレストランや店は、まだ ＿＿＿＿＿＿＿＿＿ いないんですよ。

スミス： 大丈夫ですよ。飛行機の中でガイドブックを読みましょう。

田中： あ、でもまだオフィスのそうじ ＿＿＿＿＿＿＿＿ いませんよ。私のへや、すごくきたないんです。スミスさん、＿＿＿＿＿＿＿＿ くれませんか？

スミス： 仕方ないですねえ。早く ＿＿＿＿＿＿ しまいましょう。

IV. Expressing purpose and reason using the plain form + 〜ため

A. Answer the questions using 〜ために .

1. 何のために今の大学へ来ましたか。

_____

2. 何のために日本語を勉強しているんですか。

_____

3. 何のためにご両親に電話をかけますか。
      でんわ

_____

4. 何のために先生のけんきゅうしつに行きますか。

_____

5. 冬休みに何をする予定ですか。何のためですか。

_____

B. Complete the following sentences.

1. _____ ため、今日大学の授業を休んでしまいました。
                              じゅぎょう

2. _____ ため、今の仕事をやめようと思っています。

3. ニュースによると、_____ため、今、電車がうごいていないそうです。
                                                          でんしゃ

4. 田中さんは _____ ため、卒業できないそうです。
                                        そつぎょう

V. Expressing obligation using 〜なければ／なくてはならない／いけない ; expressing the lack of obligation using 〜なくてもいい

A. Complete the following table.

Dictionary form	Plain form negative	〜なければならない	〜なくてはならない
歩く			
かんがえる			
来る			
明るい			
べんりだ			
留学生だ りゅうがくせい			

B. Complete the following sentences/dialogues using 〜なければ／なくてはならない／いけない or 〜なくてもいい .

1. 山田 : どうしてスミスさんがうんてんする (to drive) んですか。これ、ブラウンさんの車でしょう？
    くるま

    スミス : ええ、でもブラウンさん、おさけをたくさん飲んだんです。だから、ぼくが _____ んですよ。

2. A: 日本人は、家の中でスリッパをはくのが好きですねえ。

   B: ええ、日本では家に入る時、くつ _____ からね。

3. A: 今晩のレセプション (reception)、スーツを着なくちゃいけないかなあ？

   B: ううん、_____ と思うよ。

4. A: どうしてそんなにずっと勉強しているんですか？

   B: 明日大きいテストがあるから、漢字 _____ んだ。
      かん じ

C. Write three things you had to do when you were small but that you no longer have to do.

■ Example: 子供の時には毎日九時に寝なくてはいけませんでしたが、今は九時に寝なくても いいです。

1. _____

_____

2. _____

_____

3. _____

_____

総合練習　Integration
そうごう れんしゅう

A. 2008 年の夏に、第一生命保険 (insurance) という会社が 1000 人の日本の小学生に「大人 (adult)
だい　せいめい ほ けん　　　　　　　　　　　　　　　　　　　　　　　　　　　　　　　おとな
になったら何になりたいですか」という質問をしました。下がその結果 (result) です。
けっか

男の子		女の子	
1 位	やきゅう選手 (player)	1 位	食べ物屋
2	サッカー選手	2	ようちえん (preschool) の先生
3	学者 (scholar)		学校の先生
4	医者	4	かんごし (nurse)
5	食べ物屋	5	歌手 (singer)
	大工 (carpenter)	6	医者
7	消防士 (firefighter)	7	ペット屋
	水泳 (swimming) 選手		びようし (hairdresser)
9	パイロット	9	マンガ家 (cartoonist)
10	電車の運転手 (driver)		
	学校の先生		

[2009 年第一生命保険アンケート調査 (survey) より]
だいいちせいめい ほ けん　　　　　　　ちょうさ

　　この会社では、２０年間毎年同じ調査をしていますが、男の子がしたい仕事の一位は、５
ちょうさ　　　　　　　　　　　　　　　　　　　　　　　　　　　　い
年間ずっと「野球選手」だそうです。アメリカのメジャーリーグに行ってプレーする日本人の
や きゅうせんしゅ
選手がこのごろ多くなっているからかもしれません。ほかにも、サッカーや水泳などのスポー
せんしゅ　　　　　　　　　　　　　　　　　　　　　　　　　　　　　　　　すいえい
ツ選手になりたがっている子が多いことが分かります。
せんしゅ
　　女の子がしたい仕事の一位は１２年間「食べ物屋」だそうです。「食べ物屋」は、たとえばケー
や
キ屋、おかし屋、パン屋など、何か作ってそれを売る仕事のことです。今、日本には有名なパティ
や　　　　 や　　　　　　　　　　　　　　　　う　　　　　　　　　　　　　　　　　　　　　ゆう
シエがたくさんいて、よくテレビやざっしに出たりしているから、同じ仕事をしたいと思う女
の子が多いのでしょう。でも、パティシエになるためには、長い時間トレーニングをしなけれ
ばなりません。
　　今年、女の子のしたい仕事の二位は学校やようちえんの先生です。大学には学校の先生に
い

なるための専攻があって、女子学生もたくさんいます。学校の先生は、男の子のランキングの十位でもあります。いい先生になりたかったら、たくさん勉強して、いろいろなことを経験(experience)しておかなければいけません。

　このように、男の子と女の子ではしたい仕事がかなり違っていて、おもしろいですね。

1. 男の子にも女の子にも人気(popular)がある仕事は何ですか。

_____

2. 男の子だけに人気がある仕事は、たとえば何ですか。

_____

3. 選手の modifying clause にアンダーラインをひいて下さい。

4. ○Ｘをつけなさい (to put)。(○ = True, Ｘ = False)

　　(　　)「男の子がしたい仕事」の一位は、去年も「野球選手」だった。

　　(　　)アメリカのメジャーリーグには、日本人の選手がいる。

　　(　　)男の子も女の子も、スポーツ選手になりたがっている子がたくさんいる。

　　(　　)女の子の中には、テレビを見てパティシエになりたいと思う子もいるそうだ。

　　(　　)先生になるために勉強している日本の女子学生はとても少ない。

B. 小学生の時、大人になったら何になりたかったですか。みじかい作文を書いて下さい。できれば (*if possible*) 下の文法をつかって下さい。

- □ 〜ように
- □ 〜てはいけない
- □ 〜てもいい
- □ 〜時
- □ Volitional form ＋と思う
- □ 〜たら
- □ もう／まだ
- □ 前／後
- □ 〜ため
- □ 〜てしまう
- □ 〜なければ／なくてはならない／いけない
- □ 〜なくてもいい
- □ Conjunctions…けれども、その間に、その後で、その前に、その時に、それで だから、だけど、つぎに、というのは、ところで、まずはじめに、また

_____

_____

_____

_____

_____

_____

_____

_____

_____

_____

_____

書く練習
れんしゅう

A. Look at the chart on pages 165–167 of your textbook and write each **kanji** ten times using the handwritten style.

言										
葉										
漢										
字										
質										
問										
卒										
業										
授										
仕										
事										
結										
婚										
社										
式										

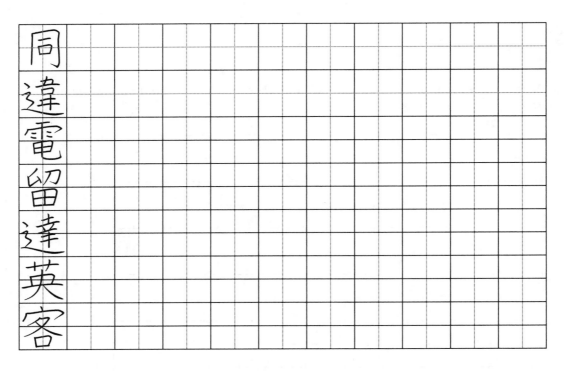

同違電留達英客

B. Rewrite each sentence using the **kanji** you have learned.

1. いしかわさんは、にほんにりゅうがくしていたときにあったともだちです。

   _____

2. このことばをかんじでかいてくださいませんか。

   _____

3. そつぎょうしたあとで、がいこくのかいしゃではたらきたいとおもっています。

   _____

4. なにかしつもんがあったら、でんわをかけてください。

   _____

5. あのおんなのひとは、おなじじゅぎょうをとっているくらすめーとです。

   _____

6. にほんでは、しがつはにゅうがくしきのしーずん (season) です。

   _____

7. ちちはいしゃですが、わたしはちがうしごとをするつもりです。

   _____

ラボの練習　**Lab Activities**
れんしゅう

Part 1: Vocabulary Practice

A. Form phrases using the noun and verb combinations you hear. You will hear the correct answer. Repeat it and write it.

■ You hear:　まど　あく

　You say:　　　　　まどがあく

　You hear:　　　　　まどがあく

　You repeat and write:　まどがあく

1. _____   9. _____

2. _____   10. _____

3. _____   11. _____

4. _____   12. _____

5. _____   13. _____

6. _____   14. _____

7. _____   15. _____

8. _____   16. _____

Part 2: Speaking and Listening Comprehension Activities

I. Expressing chronological order using 前 and 後

A. Look at the day's schedule for a trip to the beach. Circle はい if the statement you hear is consistent with the schedule. Circle いいえ if it is not consistent.

１２時	旅館に着きます
	少し休みます
1時	昼ごはんを食べます
2時	うみでおよぎます
5時	おんせんに入ります
6時	晩ごはんを食べます
7時半	花火 (fireworks) を見ます
9時	カラオケでうたをうたいます
１０時半	バーに行きます
１２時	寝ます

■ You hear: 旅館に着いた後、少し休みます。

You circle はい because it is consistent with the schedule.

1. はい　　　いいえ　　　　5. はい　　　いいえ

2. はい　　　いいえ　　　　6. はい　　　いいえ

3. はい　　　いいえ　　　　7. はい　　　いいえ

4. はい　　　いいえ

B. Look at the schedule above. Complete the sentences using the cue you hear. Use the event immediately following or preceding depending on the cue. Write the correct answer after you hear it.

■ You hear: 昼ごはんを食べます。　　前

You say: 昼ごはんを食べる前に、少し休みます。

You hear: 昼ごはんを食べる前に、少し休みます。

You write: <u>昼ごはんを食べる前に、少し休みます。</u>

1. _____

2. _____

3. _____

4. _____

5. _____

6. _____

7. _____

II. Talking about preparations using 〜ておく; expressing completion, regret and the realization that a mistake was made using 〜てしまう

A. Listen to each dialogue. First circle the action that one person does for another as a preparation using 〜ておく.

■ You hear: A: あ、お金がない。さいふ忘れたみたい。

              B: じゃ、今はぼくがはらっとくよ。

              A: あ、ごめん。ありがとう。

    You see: pay money   deposit money   withdraw money   return money

    You circle   pay money.

1. eat a meal	go to the bathroom	order a meal	pay for meal
2. go to the hospital	take medicine	go home	have a rest
3. talk to a teacher	be absent from class	go to the hospital	take an exam
4. keep the door open	open the door	keep the door closed	close the door
5. go home	go shopping	clean the room	meet parents

B. Listen to each dialogue and write the phrase with 〜てしまう. Do not write casual forms of 〜ちゃう／じゃう.

■ You hear: A: どうしたの？

              B: 古いミルク、飲んじゃった。

    You write: 古いミルクを飲んでしまった。

1. _____

2. _____

3. _____

4. _____

5. _____

6. _____

III. Using transitive and intransitive verbs; expressing results of intentional actions using ～てある

A. Mr. Ishida will host a party at his apartment. Complete the sentences by using ～てあります. Write the correct answer after you hear it.

■ You see: はな (*flower*)_____。

You say: はながかびん (*vase*) に入れてあります。

You hear: はながかびん (*vase*) に入れてあります。

You write: はな<u>がかびん (*vase*) </u>に入れてあります。

1. おゆ _____

2. 電気
_{でんき} _____

3. テレビ _____

4. まど _____

5. ドア _____

6. りょうり _____

B. Listen to the dialogue and select the most appropriate choice.

■ You hear: A: あ、まどがあいているね。

B: ほんと、風が強かったからね。

You see: a. Someone opened the window

b. The window is left open.

c. The window opened by itself.

You circle c because the window probably opened because of the wind.

1. a. The speaker forgot to turn off the light.
   b. The speaker deliberately kept the light on.

2. a. Someone wakes up Kim-san.
   b. Kim-san is awake.

3. a. Someone broke the computer.
   b. The computer is broken.

4. a. The woman left some cake for the other person.
   b. This is some leftover cake.

5. a. Soda happens to be cold.
   b. The soda is chilled for the party.

6. a. Someone intentionally left the wallet here.
   b. A wallet happens to be here.

IV. Expressing purpose and reason using the plain form + 〜ため

Listen to the following dialogues and complete the statements using 〜ため.

■ You hear: 　A: あ、きれいなセーターね。だれかにあげるの？

　　　　　　　B: うん、明日妹のたんじょうびなんだ。

　You see: 　男の人は_____セーターを買いました。

　You write: 妹のために

1. 男の人は _____ 七時に出かけます。

2. 男の人は _____ アルバイトをしています。

3. 男の人は _____ 大阪に行きます。
　　　　　　　　　　　　　　　　　　　　　　　　さか

4. 田中さんは _____ 今よく勉強しています。

5. 女の人は _____ チーズがいります。

6. 男の人は _____ 毎日うんどうしています。

V. Expressing obligation using 〜なければ／なくては　ならない／いけない ; expressing the lack of obligation using 〜なくてもいい

A. Listen to the following dialogues. Circle はい if the statement is correct, and いいえ if it is not.

■ You hear: A: もう帰るんですか。

B: ええ、両親が来るし、へやをそうじしなきゃならないんです。

You see: はい　　　いいえ　　　男の人はへやをそうじしなくてもいいです。

You circle: いいえ because the man has to clean up his room.

1. はい　　　いいえ　　　毎日漢字を勉強しなくてもいいです。
　　　　　　　　　　　かんじ

2. はい　　　いいえ　　　人がいない時は、トイレのドアはしめなくてもいいです。

3. はい　　　いいえ　　　男の人はもっとはやく起きなくてもいいです。

4. はい　　　いいえ　　　男の子はおふろに入らなくてもいいです。

5. はい　　　いいえ　　　女の子は肉を食べなくてもいいです。

B. Answer the questions using なくては／なければならない／いけない or なくてもいい . When you hear the correct answer, write it. Pay attention to the level of formality.

■ You hear: 今、行かなくてはいけませんか？／ええ

You say: ええ、行かなくてはいけません。

You hear: ええ、行かなくてはいけません。

You write: ええ、行かなくてはいけません。

1. _____

2. _____

3. _____

4. _____

5. _____

6. _____

7. _____

Part 3: Dict-A-Conversation

スミスさんはかとう先生の日本語の古文 (*classical Japanese*) のクラスをとりたいと思っているので、先生に質問をしています。

スミス：_____

先生：_____

スミス：_____

先生：_____

スミス：_____

先生：_____

スミス：_____

先生：_____

Chapter 4
第四課
Asking for Favors
おねがい

Workbook Activities

単語のれんしゅう Vocabulary Practice

A. Answer the following questions in Japanese.

1. いつ切手がいりますか。
きって

_____

2. 封筒を送る時，いくらかかりますか。
ふうとう　おく

_____

3. はがきを送る時，いくらかかりますか。
おく

_____

4. ちかくに郵便局がありますか。
ゆうびんきょく

_____

5. 漢字をおぼえるのは大変ですか。

_____

6. いつ（何歳の時）、うんてんめんきょしょうをとりましたか。
さい

_____

7. お金をかりる時、どこに行きますか。

_____

8. いつ、日本で判子がいりますか。
   はんこ

_____

9. 手紙を出すとき、どうしますか。
   てがみ

_____

10. 日本語を話すれんしゅうをしていますか。

_____

I. Expressing and inquiring about one's factual knowledge using the clause か（どうか）

A. Write a statement that combines A and B given in the items below, using か（どうか）.

1. A. 田中さんはどこにすんでいますか。 　　　　B. 知っていますか。

_____

2. A. たくはいびんがいつ来ますか。 　　　　B. 教えてください。
　　　　　　　　　　　　　　　　　　　　　　　　おし

_____

3. A. 判子がいりますか。 　　　　　　　　　　B. 忘れました。
　　　　はんこ

_____

4. A. 同窓会がいつありますか。 　　　　　　　B. おぼえています。
　　　　どうそう

_____

5. A. 小田さんは何年に卒業しましたか。 　　　B. 分かりますか。

_____

6. A. 高田さんは熱があります。 　　　　　　　B. 分かりますか。

_____

B. Complete the following conversation between 川口さん and リーさん by filling in the blank with the appropriate Japanese word or words.

川口：リーさん、おはようございます。

リー：川口さん、おはよう。きのう、大川さんに会いましたか。

川口：ええ、会いました。

リー：何時に ＿＿＿＿＿＿＿＿＿＿＿＿ おぼえていますか。

Do you remember what time you met?

川口：ええと、２時に会いました。

リー：そうですか。いっしょに ＿＿＿＿＿＿＿＿＿＿＿＿ 教えてください。

Please tell me where you went together.

川口：お店に行って、いろいろな物を買いました。このふくも買いました。

リー：すてきなふくですね。＿＿＿＿＿＿＿＿＿＿＿＿ おぼえていますか。

Do you remember how much it was?

川口：おぼえていますよ。5700円でした。あまり高くなかったんです。

II. Expressing movement away from or toward the speaker through space using 〜ていく and 〜てくる

A. The following illustrations show actions directed toward certain people or places, or actions that have taken place before the subject moved toward a certain place. The speaker is indicated by the letter "I" and the direction is shown using either → or ←. Make sentences that express actions and directions using 〜ていく and 〜てくる. You will need to choose between 〜ていく or 〜てくる based on the direction the arrow is pointing.

■ Ex. → I:　　Example: 山田さんは、お風呂に入ってきました。

1. ← I　　　　2. → I　　　　3. ← I　　　　4. ← I

5. → I　　　　6. ← I　　　　7. ← I　　　　8. → I

1. _____ 。

2. _____ 。

3. _____ 。

4. _____ 。

5. _____ 。

6. _____ 。

7. _____ 。

8. _____ 。

B. Complete the following conversation by filling in the parentheses with the correct form of the verb, using 〜てくる or 〜ていく .

Mr. Kawaguchi and Ms. Koyama are talking over the phone.

川口： 今日、小山さんの家で 1 時からパーティーがありますよね。

小山： ええ、来てくださいね。

川口： 行きますよ。ところで、何を（　　　　　　　　　）たら、いいですか。
　　　　　　　　　　　　　　　　　　　　　bring

小山： そうですね。おいしい食べ物を（　　　　　　　　　）てください。
　　　　　　　　　　　　　　　　　　　bring

川口： わかりました。

At the party:

川口： 小山さんは、スペイン語が上手だそうですね。

小山： ええ、今まで 8 年間、勉強して（　　　　　　　　　）んです。
　　　　　　　　　　　　　　　　　I have been studying

川口： そうですか、すごいですね。あ、山田さんが来ました。

山田： ビールとジュースを買って（　　　　　　　　　）よ。

川口： ありがとう。ところで、山田さんは新しい車を買ったそうですね。

山田： ええ、ちょっと高かったんですがね。今日、乗って（　　　　　　　　　）よ。あそこの
　　　　駐車場 (parking lot) にとめてありますよ。
　　　　ちゅうしゃじょう

小山： じゃ、あとで見せてくださいね。

III. Expressing one's desire for someone to do something using てもらう／いただく and てほしい

A. Look at the illustrations below. Create sentences showing what you want someone to do based on the illustrations provided, using てほしい or てもらう／いただく .

Example: せんたくをしてほしいんですが。

1. _____

2. _____

3. _____

4. _____

5. _____

6. _____

7. _____

B. Rewrite the following sentences using 〜てほしい or 〜てもらう.

1. 漢字で書く。

   _____

2. 飲み物をひやす。

   _____

3. ドアをあける。

   _____

4. 辞書をかす。
   じしょ

   _____

5. おゆをわかす。

   _____

C. Read the situations described below. Under each situation, fill in the blank with the expression that the person in that situation would most likely say, using てほしい or てもらう／いただく .

1. The room is very hot. Mr. Ogawa would like to ask Ms. Nakata to open the door.

   小川 : _____

2. Ms. Kaneda would like to ask someone on the street to take a photo of her with her friend.

   金田 : _____

3. Mr. Yamaguchi would like to ask his professor to teach him a new kanji.

   山口 : _____

4. Ms. Yoshida would like to ask Mr. Furuta to make a phone call to Ms. Takeda.

   吉田 : _____
   よし だ

5. Mr. Mikami would like to ask Mr. Oda to turn off the lights.

   三上 : _____
   み かみ

IV. Expressing willingness using 〜ましょう／ましょうか

Complete the following sentences using ましょうか. You will need to choose a verb that fits the situation described in the beginning of each sentence.

1. くらいので、電気を _____

2. 暑いので、まどを _____

3. かぜですか。薬屋 (*drug store*) で薬を _____
　　　　　　くすり や

4. 教科書をわすれたんですか。教科書を _____
　　きょう か　　　　　　　　　　　　きょう か

5. 郵便番号がわかりませんか。郵便番号を _____
　　ゆうびんばんごう　　　　　　　　　ゆうびんばんごう

6. そのかばんはおもそうですね。かばんを _____

V. Expressing time limits using までに

A. Look at the tasks on the calendar. The numbers in parentheses preceding each entry correspond to the numbered blanks below the calendar. For each one, create a sentence using 〜までに〜なければいけません to describe what must be done and by when. Then write your answers on the blanks.

■ Example:　二日までに、数学の宿題をおえないといけません。

日	月	火	水	木	金	土
	1	2 (Example) must finish math assign-ment	3	4 (1) must submit Japanese composition	5 (2) must collect 10 old stamps	6
7	8 (3) must lose 4 pounds	9	10 (4) must memorize 20 kanji	11	12 (5) must save $500.00	13

1. _____。

2. _____。

3. _____。

4. _____。

5. _____。

B. Complete the following sentences by filling in the blank with either まで or までに .

1. 明日のテスト _____、漢字をぜんぶ、おぼえてください。

2. 昨日は８時 _____、テレビを見ました。

3. 高山さんのテストがおわる _____、ゲームをしましょう。

4. 明日は、１０時 _____、ここに来てください。

5. 一月に、広島<ruby>広島<rt>ひろしま</rt></ruby> _____ 行きます。

6. 水曜日 _____、新しい本を買ってください。

7. ハワイ _____、およぎに行きました。

8. 古川さんが来る _____、お昼ご飯<ruby>飯<rt>はん</rt></ruby>を食べてください。

総合練習 Integration
そうごう

Read the following story about how Mr. Smith is trying to open a bank account and is asking an employee a the bank what he should do. Then follow the directions given below the story and answer the questions.

Mr. Smith is at a bank to open up a Japanese bank account.

スミス： すみません、銀行口座をひらきたいんですが。
こうざ

銀行員： かしこまりました。パスポートはお持ちですか。
いん

スミス： はい、これがパスポートです。

銀行員： 判子はお持ちですか。
いん　　　　はんこ

スミス： はい、判子は、きのう、(A:___I had it made___)。
　　　　　　はんこ

銀行員： それでは、この申込書にご記入ください。
いん　　　　　　　　　もうしこみ　　　　きにゅう

スミス： わかりました。

After a little while...

スミス： すみません、(B:_____I don't know what to write here___)んですが。

銀行員： ここには、住所を書いてください。
,¢,ñ

スミス： わかりました。じゃ、ここも何を書くか、わからないんですが。知らない漢字がたくさんありから、読むのに時間がかかります。申込書を家に持って帰って、(C:___is it all right to write?___)。
　　　　　　　　　　　　　　　　　　　　　　　　　　　　　　　　　　　もうしこみ

銀行員： ええ、かまいませんよ。

スミス： それじゃ、今日、家で書いて、あした、持ってきます。

銀行員： よろしくお願いします。

Look at the English phrases written in parentheses A, B, and C, and write the Japanese equivalents of the English provided.

A: _____

B: _____

C: _____

Using the information provided in the story above, answer the following questions in English.

1. Why did Mr. Smith go to the bank?

_____

2. What did Mr. Smith bring with him?

_____

3. Why did he decide to write the application form at home?

_____

4. When will he come back to the bank?

_____

書く練習 Writing Practice

A. Look at the chart on pages 207–209 of your textbook and write each kanji ten times using the handwritten style

郵										
便										
局										
銀										
送										
紙										
住										
所										
引										
練										
習										
受										
宿										
題										
試										

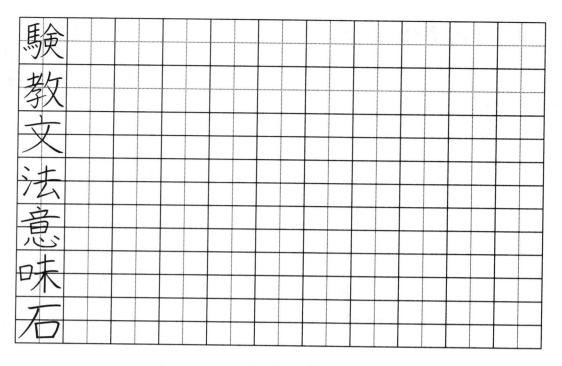

B. Rewrite each sentence using **kanji**, **hiragana**, and **katakana**.

1. みっかまえゆうびんきょくでてがみをだしました。

   _____

2. たかださんのじゅうしょをおしえてください。

   _____

3. あたらしいかんじのれんしゅうをいちじかんしました。

   _____

4. このこうこうのにゅうがくしけんをにがつにうけました。

   _____

5. せんせいはにほんごのぶんぽうをせつめいしました。

   _____

6. ぎんこうでじゅうまんえんひきだしました。

   _____

7. じゅういちじまでえいごのしゅくだいをします。

_____

8. ふるかわさんがすんでいるところはとてもさむいです。

_____

ラボのれんしゅう Lab Activities

Part 1: Speaking and Listening Comprehension Activities

I. Expressing and inquiring about one's factual knowledge using the clause か（どうか）

A. Listen to each of the following short sentences. Combine the two sentences using か（どうか）. Repeat and then write the correct response on the blanks below.

■ You hear: 山田さんがいつ来ましたか。知りません。

You say: 山田さんがいつ来たか知りません。

You hear: 山田さんがいつ来たか知りません。

You repeat and write: 山田さんがいつ来たか知りません。

1. _____

2. _____

3. _____

4. _____

5. _____

6. _____

7. _____

8. _____

B. Listen to the following conversations and write a sentence using clause か（どうか）.

■ Example　男：　このコンピューターはいくらしたんですか。
　　　　　　女：　あ、忘れました。
　You write: 女の人は、コンピューターがいくらしたか忘れました。

1. _____。

2. _____。

3. _____。

4. _____。

5. _____。

II. Expressing movement away from or toward the speaker through space using 〜ていく and 〜てくる

Listen to the following conversation and write the action and its direction in the chart below.

■ You hear:　A：田口さん、ビールを買ってきましたか。

　　　　　　　B：いいえ、ジュースを買ってきました。

	Action	Coming or Going
Example	buy	came
1.		
2.		
3.		
4.		
5.		

III. Expressing one's desire for someone to do something using
～てもらう／いただく **and** ～てほしい

A. Listen to each of the following conversations. For each conversation, there is a corresponding set of sentences given below. In each set of sentences, one sentence will show what the first person in the conversation wants the second person to do. Indicate which sentence shows this by circling A, B, or C.

■ Example: A: 山田さん、ちょっとお金を貸してほしいんですが、

B: ええ、いいですよ。

    A. This person wants to lend out some money.

    B. This person wants to borrow some money.

    C. This person wants someone to pay for the purchase.

1. A. This person wants the professor to repeat what he said.
   B. This person wants the professor to write kanji for him.
   C. This person wants the professor to wait for his kanji assignment.

2. A. This person wants to give a ride to the library.
   B. This person wants a ride to the library.
   C. This person wants to walk to the library.

3. A. This person wants to be absent from work.
   B. This person wants to go to work late.
   C. This person wants to leave work early.

4. A. This person wants someone to go and buy some medicine.
   B. This person wants someone to help apply medicine.
   C. This person wants someone to open the medicine.

5. A. This person wants someone to leave early.
   B. This person wants someone to come early tomorrow.
   C. This person wants someone to work late.

B. You hear a statement that someone is in trouble. Form a sentence that this person is likely to say to seek help, assistance, etc. by using 〜てもらう, 〜ていただく, 〜てほしい.

■ Example: すみません、今日、日本語の教科書を忘れたんですが、

教科書を見せてもらえませんか。
きょう か しょ

1. _____。

2. _____。

3. _____。

4. _____。

5. _____。

IV. Expressing willingness using 〜ましょう／ましょうか

A. Listen to the conversation and read the sentences below. If the second person is willing to do the action indicated in the statement below, circle はい, if not, circle いいえ.

■ You hear:　A: まどをしめましょうか。

　　　　　　 B: ええ、おねがいします。

You see:　　この人は、まどをしめます。　　　　はい　　　　いいえ

You circle　はい　because this person offered to close the window.

1. この人は、７時に起きます。　　　　　はい　　　いいえ

2. この人は、ホテルに泊まります。　　　はい　　　いいえ

3. この人は、電気をけします。　　　　　はい　　　いいえ

4. この人は、辞書をかします。　　　　　はい　　　いいえ
　　　　　　　　じしょ

5. この人は、病院に行きます。　　　　　はい　　　いいえ

V. Expressing time limits using までに

Listen to the conversations. Each conversation will have a person doing a particular action and will indicate by when that action needs to be done. Fill in the chart below, indicating what the person will do and by when they will do it.

■ Example 山田：大変なんです。明日までにこの数学の宿題を終えないといけないんです。
すう　しゅくだい

太田：え、そうなんですか。10 ページありますね。

	By when	Action
Example	by tomorrow	Finish math homework.
1.		
2.		
3.		
4.		
5.		

Part 2: Dict-A-Conversation

●

Vocabulary 手数料: Transaction fee

At a bank: Mr. Smith goes to a Japanese bank to send money to the United States.

スミス： _____

銀行員：_____
ぎんこういん

スミス： _____

銀行員：_____
ぎんこういん

スミス： _____

銀行員：_____
ぎんこういん

スミス： _____

● 銀行員：_____
ぎんこういん

スミス： _____

銀行員：_____
ぎんこういん

スミス： _____

銀行員：_____
ぎんこういん

●

Chapter 5
第五課
Asking for and Giving Directions
道の聞き方と教え方

Workbook Activities

単語の練習 Vocabulary Practice

Answer the following questions in Japanese.

1. 日本大使館はどこにありますか。
<small>たいしかん</small>

_____

2. とっきゅう（列車）に乗ったことがありますか。
<small>れっしゃ</small>

_____

3. あなたの町に地下鉄がありますか。

_____

4. いつガソリンスタンドに行きますか。

_____

5. 最近、いつ、映画館に行きましたか。何を見ましたか。
<small>さいきん</small>　<small>えいがかん</small>

_____

6. 市役所は近いですか。
<small>しやくしょ</small>

_____

7. こうさてんに何がありますか。

_____

I. Expressing a route using the particle を ; expressing a point of departure using the particle を ; expressing scope or limit using the particle で.

Fill in the parentheses with the appropriate particle. If no particle is necessary, put an X in the blank.

1. A: このくすり（　　）いくら（　　）買いましたか。

   B: ８００円（　　）買いました。

2. A: どこ（　　）バス（　　）おりますか。

   B: 駅前（　　）おります。
      えき

3. 市役所の前（　　）5番のバス（　　）乗りかえてください。
   しやくしょ

4. ここ（　　）まっすぐ行って、つきあたり（　　）右（　　）まがります。

5. A: すみません、バス停はどこ（　　）ありますか。
                   てい

   B: 三つ目のかど（　　）左（　　）行ってください。

6. A: 上田さんは、何年（　　）高校（　　）卒業しましたか。

   B: 2007年（　　）卒業しました。

7. つぎのバス停（　　）おりて、むかいがわ（　　）あります。
        てい

II. Expressing conditions leading to set consequences using the plain form + と

A. Look at the chart below. For each Japanese word given in the column on the left, fill in the columns to the right with the correct affirmative and negative forms in Japanese.

Dictionary Form	Affirmative	Negative
本	本だと	本じゃないと
食べる		
ポスト		
おもい		
べんり		
つれていく		
つかれる		
駐車場 ちゅうしゃじょう		
自由 じ ゆう		

B. Complete the following sentences.

1. 暑くなると _____。

2. 新しいふくを着ると _____。

3. 冬になると _____。

4. 海でおよぐと _____。

5. 雪がふると _____。

C. Look at the drawing. Fill in the blanks with appropriate words so that the sentences describe what is shown in the drawing.

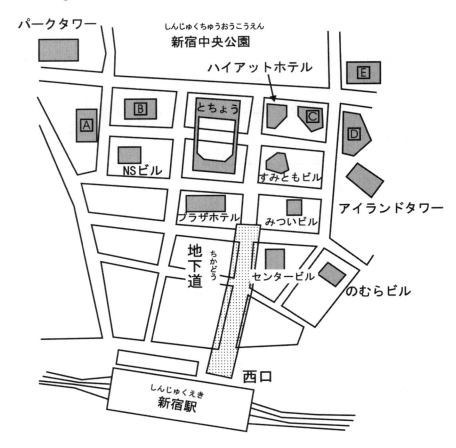

1. 新宿駅の西口に ＿＿＿＿＿＿＿＿＿ と、センタービルが見えます。
   _{しんじゅくえき}

2. プラザホテルを出て、＿＿＿＿＿＿＿＿＿ と、すみともビルに行きます。

3. とちょうを出て、＿＿＿＿＿＿＿＿＿ と、パークタワーに行きます。

4. ハイアットホテルを出て、＿＿＿＿＿＿＿＿ と、新宿駅があります。
   _{しんじゅくえき}

5. みついビルで出て，＿＿＿＿＿＿＿＿ と、プラザホテルに行きます。

III. Expressing chronology using the て -form of the verb + から

A. Complete the following sentences.

1. 今日は家に帰ってから、_____。

2. 新しい本を図書館でかりてから、_____。

3. 一時間休んでから、_____。

4. 梅雨が終わってから、_____。
   つ　ゆ

5. 川上さんに会ってから、_____。

6. プールでおよいでから、_____。

B. Complete the following sentences, using the correct て -form of the verb.

1. _____ てから、勉強をするつもりです。

2. _____ てから、このはこをあけてください。

3. _____ てから、テレビゲームをした方がいいですよ。

4. _____ てから、２時間になりますね。

5. _____ てから、どのテレビを買うかきめます。

C. Look at the map below. Based on the information given on the map, write Japanese sentences using the pattern ～てから

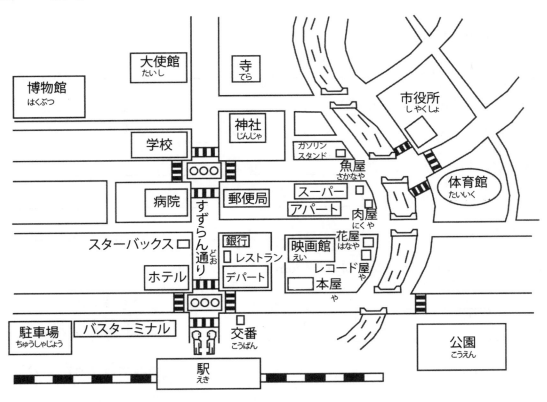

■ Example: From ホテル to 病院

ホテルを出て、すずらん通りを病院の方に行ってから、横断歩道をわたると、病院があります。

1. From 駅 to 公園 .
   えき

   _____。

2. From バスターミナル to 神社 .
                      じんじゃ

   _____。

3. From 郵便局 to 市役所 .
            しやくしょ

   _____。

4. From 博物館 to スターバックス .
      はくぶつかん

   _____。

5. From 銀行 to 駐車場 .
         ちゅうしゃじょう

   _____。

IV. Expressing presuppositions using the plain form + はず

A. Choose the word from the box below that will best complete that sentence. Change the word you have chosen to its appropriate form and fill in the blank with that form.

> アレルギー　乗る　たいしかん　冷える　しずか　けんこう

1. 安田さんは、午後３時に電車に _____ はずです。

2. 病院は、どこでも _____ なずです。

3. このジュースは _____ はずです。

4. 川口さんは、たまごに _____ はずです。

5. 小山さんは、毎日、運動をしているから, _____ はずです。

6. あの建物は _____ はずです。

B. Finish the sentences by filling in the blank with the appropriate form for はず.

1. 上田さんは，勉強をよくしたから、今日のテストは _____ はずです。

2. 木村さんは，とてもほしがっていた携帯電話を買ったから、_____ はずです。

3. 天気予報によると、明日は _____ はずです。

4. 吉田さんは映画が好きだから，あの新しい映画を _____ はずです。

5. アメリカに３年留学した石田さんは、英語が _____ はずです。

6. あれは、たくはいびんで送ったから、_____ はずです。

V. Expressing conditions originated by others using 〜（の）なら

A. Read the beginning of the sentences given below. Complete the sentences based on the conditions given.

1. 明日、雨なら _____。

2. 山本さんが午前八時に来るなら、_____。

3. 今日、学校を休むのなら、_____。

4. せきが出るなら、_____。

5. 吉田さんが社長なら、_____。
　　　　　しゃちょう

6. 来週、ひまなら、_____。

B. Read the situations described in the incomplete sentences below. Complete the sentences by giving appropriate conditions for the situation described.

1 _____ なら、新しいパソコンを買うでしょう。

2. _____ なら、来月、日本に行くでしょう。

3. _____ なら、とてもべんりになるでしょう。

4. _____ なら、木村さんは来ないでしょう。

5. _____ なら、駅まで歩くでしょう。
　　　　　　　　　　　　　　　　　　　　えき

6. _____ なら、お湯を沸かすでしょう。
　　　　　　　　　　　　　　　　　　　　ゆ　　わ

C. Based on the information given on the map, make a sentence describing where each building is located by using 〜なら .

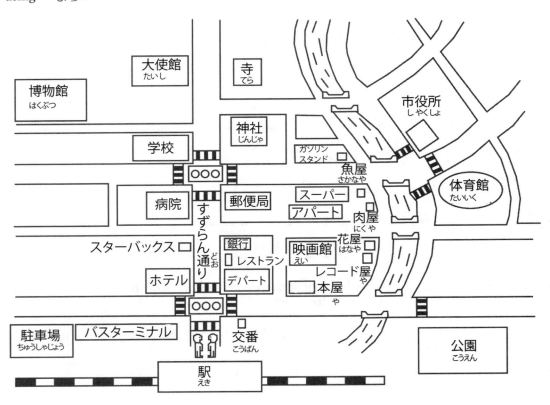

■ Example: 駐車場：駐車場なら、バスターミナルのとなりにあります。
　　　　　　ちゅうしゃじょう　ちゅうしゃじょう

1. 博物館：＿＿＿＿＿＿＿＿＿＿＿＿＿＿＿＿＿＿＿＿＿＿＿＿＿＿＿＿＿＿＿＿。
　　はくぶつかん

2. デパート：＿＿＿＿＿＿＿＿＿＿＿＿＿＿＿＿＿＿＿＿＿＿＿＿＿＿＿＿＿＿＿＿。

3. 体育館：＿＿＿＿＿＿＿＿＿＿＿＿＿＿＿＿＿＿＿＿＿＿＿＿＿＿＿＿＿＿＿＿。
　　たいいくかん

4. 病院：＿＿＿＿＿＿＿＿＿＿＿＿＿＿＿＿＿＿＿＿＿＿＿＿＿＿＿＿＿＿＿＿＿。

5. 本屋：＿＿＿＿＿＿＿＿＿＿＿＿＿＿＿＿＿＿＿＿＿＿＿＿＿＿＿＿＿＿＿＿＿。
　　ほん や

総合練習 Integration
そうごう

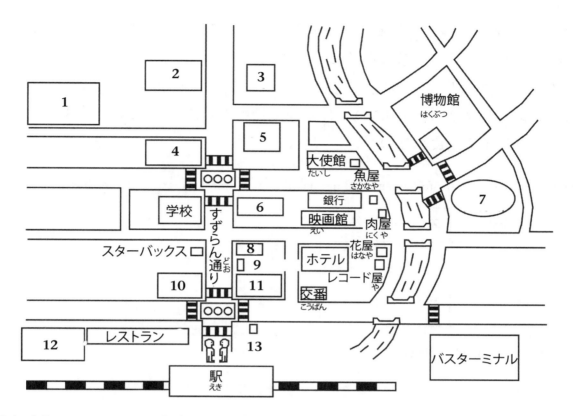

Read the following passage in which Michiko describes her town, and answer the questions.

私の町

　私の町に来る時は、電車を使うと便利です。駅が町の南にあります。駅の前に大きな、「すずらん通り」という道があります。
どお

　私の町には色々な建物があります。

　駅を出て、すずらんスズラン通りをまっすぐ行くと、信号の手前の右側に郵便
えき　　　　　　　　　どお　　　　　　　　　しんごう　てまえ　みぎがわ　ゆうびん
局があります。この郵便局はとても新しくてきれいな建物です。
きょく　　　　　　ゆうびんきょく　　　　　　　　　　　　たてもの

　郵便局の前の横断歩道を渡ると、(A: ＿＿＿＿＿＿＿) のとなりに神社があります。
ゆうびんきょく　おうだんほどう　わた　　　　　　　　　　　　　　　　　じんじゃ
神社はとても古いです。300年ぐらいここにあるそうです。
じんじゃ

　神社からすずらん通りに出て右に曲がって、次の信号まで歩くと、スーパーが
じんじゃ　　　　　　どお
右にあります。(B: ＿＿＿＿＿＿＿) はスーパーの前にあります。

　スーパーを出て、川の方に歩くと銀行があります。もっとまっすぐ行って川を
ほう
渡ると駐車場があり、その前に博物館があります。
わた　　ちゅうしゃじょう　　　　　　　　　　　はくぶつかん

大使館のとなりに公園があります。大使館はあまり大きくありませんが、とて
もきれいです。

公園から横断歩道を渡ると、お寺があります。このお寺は神社ほど古くありま
せんが、200年ぐらいここにあるそうです。

私の町で一番おいしい (C:＿＿＿＿＿＿＿) は駅前にあります。郵便局の前です。
レストランのとなりは体育館です。体育館で運動をしたあと、このレストランに行っ
て、カレーライスを食べるのが好きです。

Write in the numbers of the following buildings based on the information from the reading.

体育館 たいいくかん	郵便局 ゆうびんきょく	スーパー	神社 じんじゃ
駐車場 ちゅうしゃじょう	寺 てら	公園 こうえん	

Fill in the names of the buildings.

A: ＿＿＿＿＿＿＿＿＿＿＿＿＿＿＿＿＿＿＿＿＿＿

B: ＿＿＿＿＿＿＿＿＿＿＿＿＿＿＿＿＿＿＿＿＿＿

C: ＿＿＿＿＿＿＿＿＿＿＿＿＿＿＿＿＿＿＿＿＿＿

書く練習 **Writing Practice**

A. Look at the chart on pages 249–251 of your textbook and write each **kanji** ten times using the handwritten style

場										
寺										
橋										
町										
映										
公										
園										
図										
地										
鉄										
駅										
育										
道										
部										
屋										

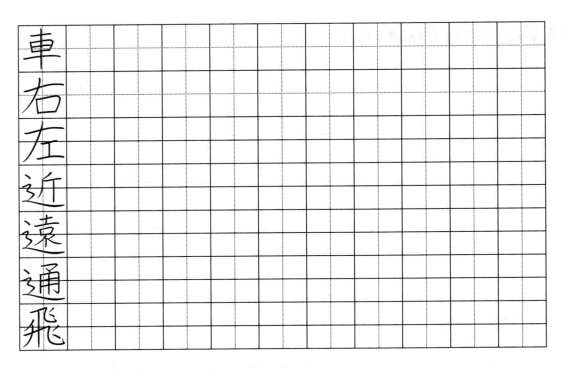

車右左近遠通飛

B. Rewrite each sentence using **kanji**, **hiragana**, and **katakana**.

1. このあめりかのちずは、あたらしいです。

_____

2. このみちをまっすぐいくと、おてらがあります。

_____

3. こうえんにおおきいとけいがあるから、じかんがわかります。

_____

4. えきのまえのゆうびんきょくで、てがみをだしました。

_____

5. でんしゃでたいいくかんのみぎにあるえいがかんにいきました。

_____

6. ちかてつは、このはしのしたのえきで、のってください。

_____

7. かわぐちさんのいえから、とおいところに、としょかんがあります。

_____

ラボのれんしゅう **Lab Activities**

Part 1: Speaking and Listening Comprehension Activities

I. **Expressing a route using the particle を ; expressing a point of departure using the particle ; を ; expressing scope or limit using the particle で**

A. Listen to the following incomplete sentences and say a complete sentence, using the correct particle. Check your sentence against the correct sentence that follows. Repeat your sentence.

■ You hear:　この道／まっすぐ／歩きます

　　You say:　　この道をまっすぐ歩きます。

　　You hear:　この道をまっすぐ歩きます。

　　You repeat: この道をまっすぐ歩きます。

II. Expressing conditions leading to set consequences using the plain form + と

A. Listen to each of the conversations. For each conversation, write in columns below in English the condition and its result as described in the conversation.

■ You hear:　A: すみません。公園はどこですか。

　　　　　　B: 公園ですか。この道をまっすぐ行くと、公園が見えますよ。

　　　　　　A: そうですか。ありがとうございます。

　　　　　　B: いいえ。

You write:　Condition: <u>Go straight on this street</u>　　Result: <u>Can see the park</u>

　　　　　　　Condition　　　　　　　　　　　　　　Result

1. _____　　_____

2. _____　　_____

3. _____　　_____

4. _____　　_____

5. _____　　_____

B. Listen to each of set of sentences. For each set of sentences, combine the sentences to make one sentence. Say the sentence you have made and then write it on the lines below.

■ You hear:　　　　　電気をつけます。よく見えます。

You say and write:　電気をつけると、よく見えます。

1. _____。

2. _____。

3. _____。

4. _____。

5. _____。

III. Expressing chronology using the て -form of the verb + から

A. Listen to each of the following conversations. Write down in English the two actions described in the conversations.

■ You hear:　A: 今日は，アルバイトにすぐ行きますか。

　　　　　　　B: いいえ、宿題をしてからアルバイトに行きます。
　　　　　　　　　　しゅくだい

You write:　First Action:　　<u>Work on homework</u>

　　　　　　Second Action:　<u>Go to a part-time job</u>

First Action	**Second Action**
1. _____	_____
2. _____	_____
3. _____	_____
4. _____	_____
5. _____	_____

B. Listen to the set of sentences. Make one sentence by using the て -form of the verb + から . Say the sentence you have made and then write the sentence on the line below.

■ You hear:　　　　　　東京駅に着きます。電車をおりてください。

You say and write:　　東京駅に着いてから、電車をおりてください。

1. _____。

2. _____。

3. _____。

4. _____。

5. _____。

IV. Expressing presuppositions using the plain form + はず

A. Listen to the following conversations. Look at the incomplete sentences below. Based on each conversation, complete the sentence using はずです. Write your answer on the lines below.

■ You hear:　A: 今日は雨が降りますか。

　　　　　　　B: いいえ、今日は晴れます。

You see:　　今日は and a blank line

You write:　今日は ＿＿晴れるはずです＿。

1. 山田さんは、＿＿＿＿＿＿＿＿＿＿＿＿＿＿＿＿＿＿＿＿＿。

2. 山口さんの風邪は、＿＿＿＿＿＿＿＿＿＿＿＿＿＿＿＿＿＿＿＿＿。
　　　　　　かぜ

3. 本田さんは、＿＿＿＿＿＿＿＿＿＿＿＿＿＿＿＿＿＿＿＿＿。

4. このチョコのカロリーは、＿＿＿＿＿＿＿＿＿＿＿＿＿＿＿＿＿＿＿＿＿。

5. この辺は、＿＿＿＿＿＿＿＿＿＿＿＿＿＿＿＿＿＿＿＿＿。

B. Listen to the conversation. Based on the conversation, make a sentence which expresses an inference of judgment using はず. Write your answer on the line below.

■ You hear:　男：今、十時ですけど、山田さんはまだ来ませんね。

　　　　　　　女：ちょっと前に電話がありましたよ。もうすぐ着くそうです。

You write:　山田さんは、もうすぐ着くはずです。

1. ＿＿＿＿＿＿＿＿＿＿＿＿＿＿＿＿＿＿＿＿＿＿＿＿＿＿＿＿＿。

2. ＿＿＿＿＿＿＿＿＿＿＿＿＿＿＿＿＿＿＿＿＿＿＿＿＿＿＿＿＿。

3. ＿＿＿＿＿＿＿＿＿＿＿＿＿＿＿＿＿＿＿＿＿＿＿＿＿＿＿＿＿。

4. ＿＿＿＿＿＿＿＿＿＿＿＿＿＿＿＿＿＿＿＿＿＿＿＿＿＿＿＿＿。

5. ＿＿＿＿＿＿＿＿＿＿＿＿＿＿＿＿＿＿＿＿＿＿＿＿＿＿＿＿＿。

V. Expressing conditions originated by others using 〜（の）なら

A. Listen to the following conversations. Look at the English sentences and below choose from these the action that best describes what was said in the conversation.

■ You hear:　A: 来年、日本に行くんですよ。

B: いいですね。日本に行くんなら、京都に行った方がいいですよ。きれいです。

A: わかりました。

You see:　　A. This person will go to Japan and visit Tokyo.

B. This person will go to Japan and visit Osaka.

C. This person will go to Japan and visit Kyoto.

You choose　C because the person said that s/he agreed to go to Kyoto.

1. A. This person will turn left to go to Mr. Yamada's apartment.
   B. This person will turn right to go to Mr. Yamada's apartment.
   C. This person will go straight to go to Mr. Yamada's apartment.

2. A. This person will take a photo in the afternoon.
   B. This person will take a photo in the morning.
   C. This person will take a photo at night.

3. A. This person will go to the hospital in front of the library.
   B. This person will go to the hospital in front of the station.
   C. This person will go to the hospital to the left of the department store.

4. A. This person will turn right at the street in front of the hospital.
   B. This person will turn left at the street in front of the department store.
   C. This person will turn right at the street in front of the police box.

5. A. This person will help them Wednesday afternoon.
   B. This person will help them Monday morning.
   C. This person will help them Monday afternoon.

Part 2: Dict-A-Conversation

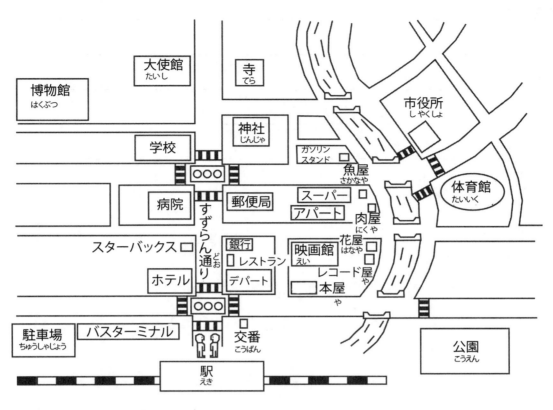

Mr. Kimura is lost and is seeking help with directions at the station exit.

木村：_____

スミス：_____

木村：_____

スミス：_____

木村：_____

スミス：_____

木村：_____

スミス：_____

木村：_____

スミス：_____

木村：＿＿＿＿＿＿＿＿＿＿＿＿＿＿＿＿＿＿＿＿＿＿＿＿＿

スミス：＿＿＿＿＿＿＿＿＿＿＿＿＿＿＿＿＿＿＿＿＿＿＿＿＿

木村：＿＿＿＿＿＿＿＿＿＿＿＿＿＿＿＿＿＿＿＿＿＿＿＿＿

スミス：＿＿＿＿＿＿＿＿＿＿＿＿＿＿＿＿＿＿＿＿＿＿＿＿＿

木村：＿＿＿＿＿＿＿＿＿＿＿＿＿＿＿＿＿＿＿＿＿＿＿＿＿

スミス：＿＿＿＿＿＿＿＿＿＿＿＿＿＿＿＿＿＿＿＿＿＿＿＿＿

Chapter 6
第六課
Gifts
贈り物
おく

Workbook Activities

単語の練習 Vocabulary Practice
たん

Answer the following questions in Japanese.

1. 母の日にお母さんに何か上げましたか。

_____

2. どんなお菓子が好きですか。
か し

_____

3. 小説をよく読みますか。
しょうせつ

_____

4. バレンタインデーに誰かに何かを上げましたか。
だれ

_____

5. 一日に何度ぐらい携帯で電話をかけますか。
けいたい

_____

6. 動物のぬいぐるみをもっていますか。
どうぶつ

_____

7. 近所に大きい建物がありますか。
きんじょ

_____

8. 小説を読むのが好きですか。
しょうせつ

_____

9. 犬のえさは何がいいと思いますか。

_____

I. Using verbs of giving and receiving

A. Fill in the blanks with the appropriate particle. If there's more than one choice, write in all possible particles.

■ Example: 山田さん（　に　）　本をあげます。

1. 金田さんが　妹（　　）ぬいぐるみ（　　）下さいました。

2. 森田さん（　　）おせいぼ（　　）いただきました。

3. 山本さん（　　）父に DVD（　　）くれました。

4. 父は部下の誕生日（　　）部下（　　）ワイングラス（　　）あげます。

5. 私は後輩（　　）旅行（　　）おみやげ（　　）もらいました。

6. 近所の人（　　）弟に石けん（　　）くれました。

7. おばあさんは子犬（　　）えさ（　　）やります。

B. Read the sentences below. Circle the verb in the parentheses that best fits the sentence.

1. 森さんは妹にバラの花を（くれました、くださいました、さしあげました）。
Note: 森さん is a superior.

2. 中川先生に私に薬を（下さいました、いただきました、差し上げました）。

3. 贈り物のお返しを山本さんに（くれました、やりました、差し上げました）。

4. 近所の古田さんは両親にお中元を（あげました、いただきました、下さいました）。

5. 先輩にタオルを（下さいました、くれました、いただきました）。

6. 父は部下にコーヒーカップを（差し上げます、あげます、下さいます）。

7. バレンタインデーに後輩からチョコレートを（あげました、もらいました、くれました）。

C. Look at the chart below, which describes who gives what to whom. Make sentences using verbs of giving and receiving based on the information in the chart. Write your sentences on the lines below.

■ Example: 私は友達に花をあげます。

	Giver	Receiver	Object
Example	I	friend	flower
1.	Prof. Ogawa	I	dictionary
2.	Ms. Ueda (boss)	I	doll
3.	I	Yutaka (child)	puppy
4.	Neighbor	my younger brother	baseball glove
5.	I	cat	food
6.	Mr. Wada (my father's junior)	my father	soap

1. _____。

2. _____。

3. _____。

4. _____。

5. _____。

6. _____。

II. Expressing the fact that something is easy or hard to do using the stem of the verb + やすい／にくい

A. Complete the sentences below, using 〜やすい or 〜にくい.

■ Example: この 小説は（読みにくい）から読みません。
しょうせつ

1. このうたは、（   ）から、うたうのが好きです。

2. 吉田さんの家は（   ）から、あまり行きたくないです。

3. このはこは、かるいから、（   ）です。

4. 山本先生の授業は（   ）から、取った方がいいですよ。

5. この漢字は（   ）から、気をつけてください (be careful)。

6. このペンは大きくて,（   ）です。

B. Using complete sentences, answer the questions. Be sure to use the verb stem + やすい or にくい in your answer.

1. 食べやすい物は何ですか。

    _____。

2. 食べにくい物は何ですか。

    _____。

3. 分かりやすい物は何ですか。

    _____。

4. 分かりにくい物は何ですか。

    _____。

5. なおりやすい病気は何ですか。

    _____。

6. なおりにくい病気は何ですか。

    _____。

III. Listing actions and states, and implying a reason, using the plain form + し

A. Read the incomplete sentences below. In each set of parentheses, write a reason for the situation that fits the context of the rest of the sentence. Use the plain form +し .

■ Example: 山田さんは、(親切だし、おもしろいし) はたらきやすいです。

1. このパソコンは、(   ) 使いにくいです。

2. 吉田先生は、(   ) 分かりやすいです。

3. この服は (   ) 着にくいです。

4. この仕事は (   ) つかれやすいです。

5. この漢字は (   ) おぼええにくいです。

6. このドアは (   ) しめやすいです。

7. 日本は (   ) 住みやすいです。

B. Look at the chart below. Create sentences based on the information provided about various people's decisions and their reasons for making them. Be sure to use the plain form + し in your sentences.

■ Example: ジョンさんは、しずかだし、友達と勉強できるし、今晩図書館で勉強します。

	Person	Decision	Reason
Ex.	John	study at the library tonight	quiet, can study with friends
1.	Ms. Ogawa	go to Hawaii in August	far from home, never been to Hawaii, nice weather, can surf
2.	Mr. Yamada	walk to the train station	good exercise, weather is nice, takes only 15 minutes
3.	Ms. Lee	stay at Comfort Hotel	inexpensive, room is spacious, breakfast is free
4.	Mr. Wayne	keep his dog	cute, small, doesn't eat much pet food
5.	Mr. Yoshida	buy a new TV	big, HDTV, on sale, easy to watch

Vocab: HDTV ハイビジョン, on sale: セール

1. _____。

2. _____。

3. _____。

4. _____。

5. _____。

IV. Trying something using 〜てみる

A. Answer the questions in Japanese using the correct form of the verb ＋ てみる.

■ Example:　お金がたくさんあったら、何をしてみたいですか。
　　　　　　　お金がたくさんあったら、旅行をしてみたいです。

1.　　今日、ひまだったら、何をしてみたいですか。

　　　_____

　　2.　日本に行ったら、何をしてみたいですか。

　　　_____

　　3.　(On a rainy day) 雨がふってなかったら、何をしてみたいですか。

　　　_____

　　4.　日本語が上手になったら、何をしてみたいですか。

　　　_____

　　5.　海に行ったら、何をしてみたいですか。

　　　_____

B. Look at the table below that gives a list of your plans in the future and reasons for those plans. Create sentences using a verb ＋ てみる.

■ Example: <u>来年の夏は、きれいな町だし、友達にも会えるし、京都に行ってみたいです。</u>

	Plans	Reason
Ex.	go to Kyoto next summer	pretty town, temples are old, can see friends
1.	live in Japan next year	food is good, people are kind, weather is nice
2.	go to the beach on Sunday	quiet, can relax, like to swim
3.	eat at a restaurant in front of the station	inexpensive, food is very delicious, convenient location
4.	lose weight	become healthy, can wear smaller clothes, can walk faster

1. _____。

2. _____。

3. _____。

4. _____。

V. Quoting speech and words using ～という

A. Read the quotations below. Based on the information given, write in Japanese both a direct quote and an indirect quote of what the person said.

■ Example:　スミスさん　　明日は晴れます。

Direct quote　　<u>スミスさんは，「明日は晴れます」と言いました。</u>

Indirect quote　　<u>スミスさんは明日は晴れると言いました。</u>

1. 山下さん　　午後デパートに行きます。

Direct quote　_____

Indirect quote　_____

2. リーさん　　日曜日に映画は見ません。

Direct quote　_____

Indirect quote　_____

3. 石田さん　　もう、タバコをすいません。

Direct quote　_____

Indirect quote　_____

4. キムさん　　日本の会社につとめていました。

Direct quote　_____

Indirect quote　_____

5. 会社の同僚（どうりょう）　ではたらいたことがあります。

Direct quote　_____

Indirect quote　_____

6. 先生　　明日、漢字のテストがあります。

Direct quote　_____

Indirect quote　_____

7. 高山　　メガネをかけたことはありません。

Direct quote　_____

Indirect quote　_____

B. Using complete sentences, answer the questions using という.

■ Example: どんな映画をよく見ますか。
　　　　　　スター・トレックと言う映画をよく見ます。

1. どんなコンピューターを使ってますか。
　　　つか

_____

2. どんな車に乗ってますか。

_____

3. どんな小説を読みますか。
　　　しょうせつ

_____

4. どんな会社にしゅうしょくしたいですか。

_____

5. どんな音楽をよく聞きますか。
　　　おんがく

_____

6. どんな高校に行きましたか。

_____

総合練習 Integration
そうごう

Mikami-san and Takada-san are talking about their friend, Kawaguchi-san.

三上： 来月、川口さんが結婚しますね。
けっこん

高田： ええ、そうなんですか。知りませんでした。

三上： だから、(A: Shall we give her something together?)。

高田： そうですね。なにがいいですかね。

三上： 今度の日曜日に、(B: Shall we go to a store and find out?)。

高田： そうしましょう。

日曜日に、三上さんと高田さんはお店に行きます

三上： ええ、川口さんは、どんな物が好きでしょうか。

高田： あの人は花が好きだから、花はどうでしょう。
　　　　　　　　はな　　　　　　　　はな

三上： 花は一週間ぐらいでかれる (wither) から、あげない方がいいですよ。
　　　　はな

高田： 長い間使える物がいいでしょう。

三上： 食器はどうでしょう。食べる時にいつも使うし。

高田： いいかもしれませんね。でも、時計はどうですか。時計も、いつでもいるし、たくさんあると便利だし、どうですか。

三上： いいかもしれませんね。犬はどうですか。川口さんは動物が好きですよ。
　　　　　　　　　　　　　　　　いぬ　　　　　　　　　　　　どうぶつ

高田： 川口さんが結婚した後住むマンションは、ペットをかってはいけないそうですよ。
　　　　　　　けっこん

三上： そうですか、じゃあ、だめですね。

高田： 川口さんのお祝い、(C: I thought it would be easy to choose) けど、むずかしいですね。
　　　　　　　　　　いわ

三上： もう少し歩いて、別の店に行ってみましょう。

Write the Japanese equivalents for the phrases A through C in parentheses above.

A. _____

B. _____

C. _____

Answer the following questions in Japanese.

1. What is the occasion for giving Ms. Kawaguchi a present?

_____

2. What is the first present her friends decided not to give, and why?

_____

3. What is the second present they decided not to give, and why?

_____

4. Have Mikami-san and Takada-san decided what they'll give to Ms. Kawaguchi?

_____

Name _____ Class _____ Date _____

書く練習 **Writing Practice**

A. Look at the chart on pages 299–300 of your textbook and write each **kanji** ten times using the handwritten style

犬										
花										
形										
服										
辞										
礼										
祝										
誕										
自										
転										
運										
動										
使										
写										
真										

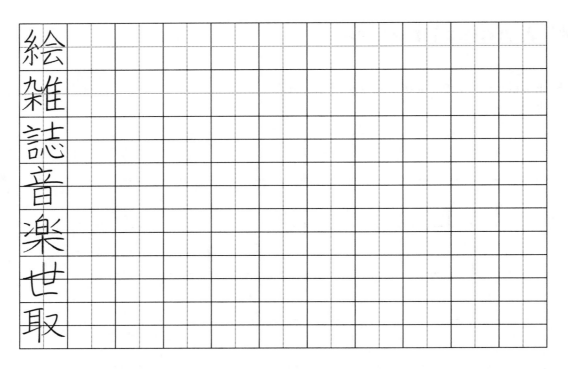

絵
雑
誌
音
楽
世
取

B. Rewrite each sentence using kanji, hiragana, and katakana.

1. じょんさんはいつけっこんしましたか。

＿＿＿＿＿＿＿＿＿＿＿＿＿＿＿＿＿＿＿＿＿＿＿＿＿＿＿＿＿＿＿＿＿＿。

2. しゃちょうのたんじょうびにおいわいをさしあげます。

＿＿＿＿＿＿＿＿＿＿＿＿＿＿＿＿＿＿＿＿＿＿＿＿＿＿＿＿＿＿＿＿＿＿。

3. わたしのだいがくのとしょかんにはじしょがたくさんあります。

＿＿＿＿＿＿＿＿＿＿＿＿＿＿＿＿＿＿＿＿＿＿＿＿＿＿＿＿＿＿＿＿＿＿。

4. これが、けっこんしきのしゃしんです。

＿＿＿＿＿＿＿＿＿＿＿＿＿＿＿＿＿＿＿＿＿＿＿＿＿＿＿＿＿＿＿＿＿＿。

5. このしゅくだいはじぶんでできるとおもいます。

＿＿＿＿＿＿＿＿＿＿＿＿＿＿＿＿＿＿＿＿＿＿＿＿＿＿＿＿＿＿＿＿＿＿。

6. きむさんのたんじょうかいで、おいわいにはなとえとおんがくの CD をあげます。

＿＿＿＿＿＿＿＿＿＿＿＿＿＿＿＿＿＿＿＿＿＿＿＿＿＿＿＿＿＿＿＿＿＿。

7. にほんでじどうしゃとじてんしゃとどちらのほうがつかいやすいとおもいますか。

＿＿＿＿＿＿＿＿＿＿＿＿＿＿＿＿＿＿＿＿＿＿＿＿＿＿＿＿＿＿＿＿＿＿。

ラボのれんしゅう Lab Activities

Part 1: Speaking and Listening Comprehension Activities

I. Using verbs of giving and receiving

A. Listen to the following conversations. Identify who will give something to someone, who will receive that thing, and what that thing is.

■ Example: 山田：きのう、ねこにえさをたくさんやったんだ。

小川：へえ、そうですか。

	Giver	Receiver	Item
Ex.	Mr.Yamada	cat	food
1.			
2.			
3.			
4.			
5.			

II. Expressing the fact that something is easy or hard to do using the stem of the verb + やすい／にくい

A. Listen to the following short conversations. Write a statement in Japanese based on the information in each conversation using either the stem of a verb + やすい or the stem of a verb + にくい.

■ You hear: 寒いから、風邪をすぐに引くかもしれませんよ。
　　　　　　　はい、ありがとうございます。

　　You write: 寒いから、風邪を引きやすいです。

1. _____

2. _____

3. _____

4. _____

5. _____

6. _____

B. Listen to the dialogue and make sentences with 〜やすい or 〜にくい.

Vocabulary:　　スクリーン　　　screen
　　　　　　　キーボード　　　keyboard

■ Example:　男：このテレビにしましょう。安いし、大きいし、
　　　　　　女：そうですね。よく見えますね。

　　　　　　このテレビは見やすいと思います。

1. _____

2. _____

3. _____

4. _____

5. _____

III. Listing actions and states, and implying a reason, using the plain form + し

A. Listen to the sets of sentences. Combine the sentences into one long sentence, using the plain form + し. Say the long sentence and then write it down on the lines provided.

■ You hear: きのうはとてもいそがしかったんです。宿題がたくさんありました。アルバイトもありました。

You say and write: きのうは、宿題がたくさんあったし、アルバイトもあったし、いそがしかったんです。

1. _____ 。

2. _____ 。

3. _____ 。

4. _____ 。

5. _____ 。

6. _____ 。

IV. Trying something using 〜てみる

A. Listen to the questions and write your answers in Japanese below using 〜てみる .

■ You hear: 日本に行ったら、何をしてみたいですか。

You say and write: <u>日本に行ったら、おさしみを食べてみたいです。</u>

1. _____

2. _____

3. _____

4. _____

5. _____

B. Listen to the following exchanges. Based on the information you hear in each exchange, make sentences in Japanese using 〜てみたい .

■ You hear A: 今年の夏は何をしますか。

B: 日本に行きたいんですよ。

You write: <u>男の人は、今年の夏に日本に行ってみたいです。</u>

1. _____

2. _____

3. _____

4. _____

5. _____

V. Quoting speech and words using 〜という

A. Listen to the questions and answer them in Japanese, using 〜という. Write your answers on the lines below.

■ You hear:　　　　あなたの町に、どんな本屋がありますか。

　You say and write:　<u>Barnes & Noble という本屋があります。</u>

　1. _____

　2. _____

　3. _____

　4. _____

　5. _____

B. Listen to each conversation. Then write a sentence using 〜という.

■ You hear:　A: きのう何を食べましたか。

　　　　　　　B: きのうチーズバーガーを食べました。

　You write: <u>男の人は、チーズバーガーという食べ物を食べました。</u>

　1. _____

　2. _____

　3. _____

　4. _____

　5. _____

Part 2: Dict-A-Conversation

Mr. Smith and Rieko are talking about year-end gifts.

りえこ： _____

スミス： _____

りえこ： _____

スミス： _____

りえこ： _____

スミス： _____

りえこ： _____

スミス： _____

りえこ： _____

スミス： _____

Chapter 7
第七課
Cooking
料理
りょう り

Workbook Activities

単語の練習 Vocabulary Practice
たん

質問に日本語で答えてください。

1. 炊飯器はいつ使いますか。
すいはん き

_____

2. はしを上手に使えますか。

_____

3. 牛肉と豚肉と、どちらの方が好きですか。
ぎゅうにく　　ぶたにく

_____

4. どんな時バーベキューをよくやりますか。

_____

5. 天ぷらの材料は何ですか。
ざいりょう

_____

6. 電子レンジは、何をする時によく使いますか。
でん し

_____

7. 味がうすい時、何をしますか。
あじ

_____

8. 油で揚げてある食べ物は、どんな物がありますか。
あぶら

_____

9. こしょうをかけすぎると、どうなりますか。

_____

10. ご飯を食べた後、だれがおさらを洗いますか。
　　はん　　　　　　　　　　　　あら

_____

I. Expressing the performance of two actions simultaneously using 〜ながら

A. Using the chart below, write a sentence combining the two actions by using 〜ながら . The first row of the chart corresponds to the example below.

Sentence-Number	Main Action	Secondary Action
Example	to deep-fry chicken	to watch TV
1	to wrap gifts	to talk to Mr. Ogawa
2	to go to university	to have a part-time job
3	to write e-mail	to listen to music
4	to think about English class	to cross bridge
5	to heat up beef	to stir-fry vegetables
6	to talk on the phone	to watch TV

■ Example: <u>テレビを見ながら、鶏肉を揚げます。</u>
とりにく あ

1. _____

2. _____

3. _____

4. _____

5. _____

6. _____

B. Read each sentence and choose a verb from the box below that best completes the sentence. Change the verb to the appropriate form and write it on the blank. You may use each verb only once.

温める　いためる　しらべる　読む　はく　書く　手伝う　すう　話す

1. 森田さんは、くつを ＿＿＿＿＿＿＿ ながら、ネクタイをしました。

2. 中川さんは、本を ＿＿＿＿＿＿＿ ながら、お風呂に入っています。

3. 吉田さんは、携帯で ＿＿＿＿＿＿＿ ながら、車に乗っています。

4. 東山さんは、新しい漢字を辞書で ＿＿＿＿＿＿＿ ながら、アイスクリームを食べています。

5. 森田さんは、お父さんの仕事を ＿＿＿＿＿＿＿ ながら、大学に行きました。

6. ココアを ＿＿＿＿＿＿＿ ながら、フレンチ・フライを揚げました。

II. Expressing the idea of *without doing* ~ using ～ないで

A Complete the following sentences using ~ ないで .

1. ジョンさんは日本語の宿題をしないで、_____。

2. 新しい漢字をおぼえないで、_____。

3. コーヒーに砂糖を入れないで、_____。
　　　　　　　　さとう

4. インターネットを使うから、新聞を買わないで、_____。

5. 金田さんは、自動車をなおさないで、_____。

6. ジョージさんは、昨日のよる、寝ないで、_____。

B. Complete the sentences by choosing the most appropriate verbs from those given below. Change each verb to its appropriate form write it on the blank provided. There are some extra verbs included.

■ Example: ソースをつける<u>ソースをつけ</u>ないで、トンカツを食べました。

切符を買う	漢字を勉強する	友達を待つ	水できれいに洗う
きっぷ		も	
めがねをかける	はしを使う	電気を切る	手紙を送る

1. _____ ないで、 野菜を切りました。
　　　　　　　　　　　　　　　　　　　や さい

2. _____ ないで、 電車に乗りました。

3. _____ ないで、 昨日のよる、寝ました。

4. _____ ないで、 自動車を運転しています。

5. _____ ないで、 遊園地に入りました。
　　　　　　　　　　　　　　　　　　　ゆうえん ち

6. _____ ないで、 ご飯を食べています。
　　　　　　　　　　　　　　　　　　　はん

III. Expressing an open hypothetical condition using the ば conditional form

A. For each sentence, find the best matching sentence from those in the box below. Combine the two sentences using 〜ば. Be careful, as there are some extra sentences.

■ Example　きれいになります。

この箱を包みます
　　 はこ　つつ

<u>このはこを包めば、きれいになります。</u>
　　　　　 つつ

```
晩ご飯が食べられますよ。              温かくなりますよ。
 はん
おいしくなりますよ。                  鶏肉を温めます。
                                      とりにく　あたた
仙台に行けますよ。                    道をまがります。
せんだい
日本語が上手になると思います。        食べやすいです。
```

1. 日本に行きます。

   _____。

2. キャベツは、小さく切ります。

   _____。

3. このスープを飲みます。

   _____。

4. 塩を少し加えます。
   しお　　 くわ

   _____。

5. ご飯がたけます。
   はん

   _____。

6. 東京駅で乗り換えます。
   　　　　 か

   _____。

B. Read the following situations. Make a statement using 〜ばよかった to express regret.

■ Example: Mr. Ueda visited his friend's house, but his friend wasn't at home.

<u>電話をかけておけばよかったですね。</u>

1. Ms. Kawaguchi goes to a restaurant with her friends. But the restaurant is very full. They have to wait for two hours. She regrets not making a reservation.

   _____ 。

2. Tom is taking a Japanese test, but he hasn't studied any **kanji** at all and he cannot write any **kanji**. He regrets not studying **kanji**.

   _____ 。

3. Cindy left her house without closing a window. It suddenly started to rain. She regrets not closing the window.

   _____ 。

4. Mr. Yoshida suddenly had some visitors, but there's no soda in the refrigerator. He regrets not having chilled some soda.

   _____ 。

5. Mr. and Mrs. Ogawa left their house by car to visit their friends. Shortly after leaving their house, Mr. Ogawa would like to use the bathroom. He regrets not using the bathroom at home.

   _____ 。

IV. Expressing possibility and capability using the dictionary form of the verb + 〜ことが出来る

A. From the verbs given in the box below, complete the sentences by choosing the one that fits context the best.

■ Example:　森さんは、漢字をよく勉強したから、色々な漢字を、_____ことが出来ます。

書く

森さんは、漢字をよく勉強したから、色々な漢字を、<u>書く</u>ことが出来ます。

> かう　切る　ひらく　持つ　くわえる　答える　わかす　もうしこむ

1. 吉田さんは、包丁で、野菜を小さく_____ことが出来ます。
   ほうちょう　　　や さい

2. サリーさんは、よく勉強したから、質問に_____ことが出来ます。

3. ハリーさんは、強いから、おもい物も_____ことが出来ます。

4. このアパートでは、ペットを_____ことが出来ません。

5. あそこで外国人登録証を_____ことが出来ます。
   とうろくしょう

6. あまくないから、もう少し砂糖を_____ことが出来ます。
   さ とう

V. Using question word + でも〜 affirmative form

A. Read each conversation carefully. Complete the incomplete sentences by picking an appropriate phrase and using Question word + でも + verb (affirmative or negative).

■ Example: A: 今晩、ご飯食べに行きませんか。

B: ええいいですよ。

A: どこがいいですか。

B: <u>どこでもいいですよ。</u>

1. A: 明日、日本語のテストがありますね。

B: はい、今晩一緒に勉強しませんか。
いっしょ

A: いつがいいですか。

B: 今晩なら _____。

2. A: 吉川さんのクリスマス・プレゼント、何がいいでしょうか。

B: あの人は本を読むのが好きですよ。

A: そうですか。どんな本がいいでしょうかね。

B: 古川さんは、_____。

3. A: 小川さん、明日のパーティーは何か持って行きましょうか。

B: いいえ、_____。

A: え、本当にいいんですか。

B: 昨日、食べ物も飲み物もたくさん買ったから、大丈夫です。
じょうぶ

4. A: 昨日も家にいたから、今日は、外に出たいですね。

B: じゃ、どこに行きましょうか。

A: _____。家から出たいんです。

B: じゃ、まず始めに、家から出て歩きましょう。

5. A: 西山さん、つかれているんですか。

B: え、どうしてですか。

A: 顔色がよくないですよ。どこか、悪いんですか。
わる

B: いいえ、_____。

6. A: 今日、カレーライスを作るんですが、ちょっと教えて下さい。

B: はい、どうしたんですか。

A: なべは、どんななべがいいですか。大きいのがいいのか、小さいのがいいのか、分かりません。

B: _____。

総合練習 Integration
そうごう

Read the passage below.

言葉のリスト：串 skewer　　　　　タレ：sauce　　　麺：noodles
ことば　　　くし　　　　　　　　　　　　　　　　　　　　　　めん

　　来週の土曜日に道子さんとメリーさんの大学でお祭りがあります。メリーさん
は道子さんが１年前、アメリカに留学した時に、知り合いました。メリーさんは今
日本の大学で日本語と日本文学を勉強しています。

　　メリーさんは日本料理が大好きです。日本料理の中で一番好きなのが焼き鳥で
す。焼き鳥は鶏肉で作ります。鶏肉を小さい食べやすい大きさに１＿＿＿＿。そして、
その小さく切った鶏肉を、串に五つぐらい２＿＿＿＿。それから、タレを作ります。
タレは、塩、しょうゆ、酒、さとうを混ぜて、３＿＿＿＿ばできます。このタレは
甘いものが多いです。タレができたら、串に刺した鶏肉をタレに４＿＿＿＿少し待
ちます。

　　少し待ってから、串に刺した鶏肉を５＿＿＿＿。鶏肉が焼けたら食べられます。
メリーさんは、去年のお祭りで焼き鳥を食べて、大好きになりました。

　　メリーさんのもうひとつ好きなものは焼きそばです。これもお祭りで食べまし
た。焼きそばの「そば」は、普通の「そば」と違います。普通の「そば」は茶色い
ですが、焼きそばの「そば」は茶色くありません。中華そばと言う麺で、ラーメン
のような麺です。焼きそばは、そばやキャベツや肉を炒めればいいんです。誰でも
やさしく料理をすることができます。

　　焼き鳥も焼きそばも、歩きながら食べることができます。焼き鳥は箸を使わな
いで食べることができるから食べやすいです。道子さんは来週の土曜日を楽しみに
しています。

A. There are five blanks in the passage, numbered 1 to 5. From the verbs given in the box below, choose the verb that would best fill in the blank from the passage. Using the appropriate form, write the verbs on the lines given below. Be sure that the number of your answer matches the number of the blank where the verb would best fit.

煮る に	焼く や	浸ける つ	切る	刺す (to skewer) さ

1._____ 2._____ 3._____ 4._____ 5._____

B. Answer the questions in Japanese.

1. メリーさんは、何かを楽しみにしていますか。何ですか。

_____。

2. どうして楽しみにしていますか。

_____。

3. 焼きそばのそばは、どんなそばですか。
   や

_____。

C. Look at the phrases given in 1 and 2 below. Express these in Japanese.

1. I can eat while walking

_____。

2. It's easy to eat because you can eat yakitori without using chopsticks.

_____。

書く練習 **Writing Practice**

A. Look at the chart on pages 335–337 of your textbook and write each **kanji** ten times using the handwritten style

料											
理											
飯											
野											
菜											
魚											
鳥											
肉											
止											
始											
終											
洗											
悪											
黒											
白											

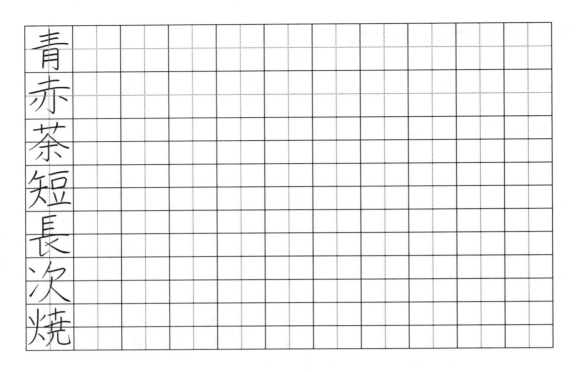

B. Rewrite each sentence using **kanji**, **hiragana**, and **katakana**.

1. きょうは、おひるごはんに、どんなたべものを、たべましょうか。

   _____

2. このだいがくのじゅぎょうりょうは、ちょっとたかいですね。

   _____

3. このかいしゃのしゃちょうさんは、にくりょうりがすきです。

   _____

4. きのうのすーぷは、あじがよくなかったです。

   _____

5. きゃべつはよくあらってから、きってください。

   _____

6. ばんごはんのざいりょうを、かいにいきましょう。

   _____

7. たばこをやめてから、さかなりょうりをよくたべるようになりました。

_____

8. しろいくるまが、にほんりょうりやのまえに、とまっています。

_____

9. けっこんしきはごごいちじにはじまります。

_____

10. もりたさんのみせで、おちゃとおにくとやさいを、かいました。

_____

Name _____ Class _____ Date _____

ラボのれんしゅう Lab Activities

Part 1: Speaking and Listening Comprehension Activities

I. Expressing the performance of two actions simultaneously using 〜ながら

A. Listen to each of the conversations. For each conversation, identify the main action and the secondary action. Complete the chart below using your answers.

■ You hear: A: 川口さん、明日は何をしますか。

B: 明日は、コーヒーを飲みながら、音楽を聞きます。

A: へぇ、そうですか。

You write: Main Action: <u>音楽を聞く</u>　　Secondary Action: <u>コーヒーを飲む</u>

	Main Action	Secondary Action
1.		
2.		
3.		
4.		
5.		

B. Listen to the monologue. In this monologue, Aoyama-san does various things while doing something else at the same time. In the blanks below, list the four actions Aoyama-san did followed by what he was doing at the same time.

Vocabulary: キッチン: kitchen

1. _____ while _____.

2. _____ while _____.

3. _____ while _____.

4. _____ while _____.

Chapter 7　205

© 2011 Cengage Learning. All Rights Reserved. May not be scanned, copied or duplicated, or posted to a publicly accessible website, in whole or in part.

II. Expressing *without doing* ~ using 〜ないで

A. Listen to each of the conversations. Fill in the chart below by identifying in each conversation the action that was done and the action that was not done.

■ You hear:　A: うぁー、今朝はとても忙しかったんですよ。

　　　　　　　B: そうだったんですか。

　　　　　　　A: ええ、だから、朝ごはんを食べないで、学校に来たんです。

You write:　Action done:　　　<u>to come to school</u>

　　　　　　Action not done:　<u>to eat breakfast</u>

	Action Done	Action Not Done
1.		
2.		
3.		
4.		
5.		

B. Listen to the conversation and make a statement using 〜ないで

■ You hear:　A: 森さん、明日、テストがあるね。

　　　　　　　B: うん、そうだけど、勉強、いっしょにする。

　　　　　　　A: いや、今日はアルバイトがあるから、勉強できないんだ。

　　　　　　　B: え、じゃ、テストの勉強しないの？

　　　　　　　A: そう、勉強したいけど、勉強する時間がないんだ。

You write:　森さんは、<u>勉強しないで、明日のテストを受けます</u>。

1. 一郎さんは、_____。

2. 大西さんは、_____。

3. 上田さんは、_____。

4. 安田さんは、_____。

5. 次郎さんは、_____。

6. ジョージさんは、_____。

III. Expressing an open hypothetical condition using the ば conditional form

A. Listen to each of the conversations. Using the information given in each conversation, write a sentence that expresses a condition for doing something else. Be sure to use the ば conditional form in your answer.

■ You hear:　A: 明日雨がふるかも知れませんよ。

　　　　　　　B: じゃ、学校に行きません。

　You write: <u>この人は明日雨がふれば、学校に行きません。</u>

1. _____。

2. _____。

3. _____。

4. _____。

5. _____。

6. _____。

B. Listen to the conversations. Identify the counter-factual/hypothetical condition given in the conversation and what would have happened if that condition had been fulfilled.

■ You hear:　A: 昨日のセールは、どうでした。

　　　　　　　B: あまり買わなかったんですよ。もう少し安ければ、もっと買ったんですけどね。

　　　　　　　A: あまり安くなかったんですか。

　　　　　　　B: そうなんですよ。

　You write:　Counter-factual/hypothetical condition:　<u>little bit cheaper</u>

　　　　　　　What would have happened:　　　　　　　<u>bought more</u>

Vocabulary, Conversation 3: 新幹線: Shinkansen, bullet train

	Counter factual/hypothetical condition	What would have happened
1.		
2.		
3.		
4.		
5.		

IV. Expressing possibility and capability using the dictionary form of the verb + ～ことが出来る

A. Listen to the conversation and make sentences using ～ことが出来る.

■ You hear:　A: 山田さんはアメリカに留学したことがあるそうです。

　　　　　　　B: はい、だから英語はとても上手だそうです。

　You write: <u>山田さんは英語を上手に話すことが出来るそうです。</u>

1. _____。

2. _____。

3. _____。

4. _____。

5. _____。

6. _____。

B. Listen to the conversation. Then answer the questions in English.

■ You hear:　A: ジョージさんは，漢字１０こを３０分でおぼえられますか。

　　　　　　　B: ええ、やさしい漢字なら、おぼえることができると思いますよ。

　　　　　　　A: え、どうやっておぼえるんですか。

　　　　　　　B: えんぴつで，一つの漢字を２０回ぐらい書くと，おぼえることができますよ。

　Question:　What can George do?
　　　　　　　<u>He can memorize easy 10 kanji in 30 minutes.</u>

Conversation 3 vocabulary:　プレゼン　Presentation
Conversation 4 vocabulary:　ジム　　　Gym

1. What can the company do? _____

2. What can Tom do? _____

3. What can Ohta-san do? _____

4. What can Higashi-san do? _____

5. What can Yoshida-san do? _____

V. Using question word + でも〜 affirmative form

A. In each conversation, you will be unable to hear a portion of it because it will be muffled by background noise. Fill in the blanks below with the Japanese phrase you think best completes the conversation you hear.

■ You hear:　A: お昼ごはんは何を食べますか。

　　　　　　　B: _____ いいですよ。

You write: <u>なんでも</u>

1. _____。　　2. _____。

3. _____。　　4. _____。

5. _____。

B. Listen to the conversation and choose the most appropriate statement describing the conversation.

■ You hear:　A:　もう 12 時ですよ。お昼ご飯にしましょうか。

　　　　　　　B:　ええ、そうしましょう。何を食べましょうか。

　　　　　　　A:　何でも食べますよ。たくさん食べたいんです。

　　　　　　　B:　じゃ、近くの店に行きましょう。

You see:　a. They are going to a nearby store to eat because Person A will eat anything.
　　　　　　b. They are going to a nearby store because that's their favorite store.
　　　　　　c. They are going to a nearby store to eat because they don't have much time.

You choose a.

1. a. She would have gone anyplace after finishing her homework.
   b. She didn't go anyplace because there was so much homework.
   c. She didn't go anyplace because it rained all day.

2. a. This station is always crowded but neither person minds the crowd.
   b. This station is hardly ever crowded and either person likes crowds.
   c. This station is always crowded and only the woman dislikes crowds.

3. a. You can see the building only from the north because of other tall buildings.
   b. You can see the building only from Shinjuku because it's not that tall.
   c. You can see the building from anywhere because it's very tall.

4. a. No matter where you live, you can buy things via the Internet.
   b. No matter where you live, you cannot buy this new book.
   c. No matter what you do, you cannot buy this new book.

5. a. No one was able to answer the questions because they were hard.
   b. Anyone could answer the questions because they were easy.
   c. No one could answer the questions because nobody studied hard.

6. a. The woman will not work anywhere even if she can find a job.
   b. The woman will work anywhere she can find a job.
   c. The woman will work anywhere if it's an easy job.

Part 2: Dict-A-Conversation

Vocabulary: 涙 tears　　カレー粉 curry powder

Mr. Smith is at Yoko's house. They are cooking together.

ようこ：_____。

スミス：_____。

ようこ：_____。

スミス：_____。

ようこ：_____。

スミス：_____。

ようこ：_____。

スミス：_____。

ようこ：_____。

スミス：_____。

ようこ：_____。

スミス：_____。

ようこ：_____。

Chapter 8

第八課

Rumors

うわさ

Workbook Activities

単語の練習 Vocabulary Practice
たん

質問に日本語で答えてください。

1. いじめにあったことがありますか。

_____

2. 今アメリカの景気はいいですか。日本の景気はどうですか。
けい   けい

_____

3. 交通事故にあったことがありますか。
こうつうじこ

_____

4. どんな人がかわいそうだと思いますか。

_____

5. 悪い病気が、はやったことがありますか。

_____

6. どの国で地震が多いですか。
じしん

_____

7. だれかとケンカをしたことがありますか。

_____

8. 日本語のせいせきはいいですか。

_____

9. 今までで一番こわかった事はなんですか。

_____

10. ハリケーンが来た時，どこが安全だと思いますか。
　　　　　　　　　　　　　　あんぜん

_____

I. Expressing problems and events using the passive form.

A. Fill out the following table with the correct form of each verb.

Dict. Form	Type	Passive form	Polite Form	Conditional form	て form
食べる	る	食べられる	食べられます	食べられれば	食べられて
おそう					
読む					
来る					
にげる					
ふる					
する					
ころす					
さす					

B. Read the following situation and make one sentence that describes the situation well using the indirect passive.

■ Example: I was trying to catch my dog, but it ran away.

犬ににげられました。

1. My younger brother read my e-mail while I was away from home. I was very annoyed by this.

   _____○

2. A thief stole Mr. Ogawa's new computer. Mr. Ogawa is very angry about this.

   _____○

3. In the airplane from Tokyo to Honolulu, a baby was crying almost the whole way, and I was not able to sleep.

   _____○

4. When my mother cleaned my room, she threw away a paper that I wrote my friend's phone number on. I cannot call my friends now!

   _____○

5. A mosquito bit my arm some time ago, and it's very itchy.

   _____○

II. Expressing conjecture based on indirect evidence using 〜らしい ; expressing conjecture based on direct evidence using 〜ようだ／みたいだ

A. From the box below, choose the verb that best completes each sentence. Use the past tense.

■ Example:　ふる

今朝、雨が<u>ふった</u>らしい。
け さ

| 入る　　困る　　あう　　する　　終わる　　ある　　なる　　食べる　　はやる |
| こま |

1. 京都で地震が _____ らしい。
きょう と　　じ しん

2. アフリカで，ライオンが人を _____ らしい。

3. 吉田さんの家にどろぼうが _____ らしい。

4. 日本は景気がよく _____ らしい。
けい

5. 去年、色々なところで，新しいインフルエンザが _____ らしい。

6. 米田さんは交通事故に _____ らしい。
よね だ　　こうつう じ こ

7. 森さんのご両親は離婚 _____ らしい。
り

B. Complete the following sentences using phrases that fit the situation given.

■ Example:　トムさんはお母さんが日本人だから、日本語が上手なようです。

1. 林さんはアメリカに５年住んでいたから、_____ ようです。

2. 上田さんは映画をよく見るから、_____ ようです。

3. 石田さんはうたが上手だから 、_____ ようです。

4. キムさんはとてもやさしいから 、_____ ようです。

5. あのレストランは安いから 、_____ ようです。

III. N のような／みたいな；*like ~,* N らしい N *typical ~*

A. Answer the following questions in Japanese.

1. 日本らしい物は、どんな物がありますか。

　　_____。

2. 中国らしい物は、どんな物がありますか。

　　_____。

3. 韓国らしい物は、どんな物がありますか。

　　_____。

B. Fill in the blank with either 〜のような or らしい.

1. 山本さんのコンピューターは，おもちゃ_____コンピューターですね。

2. 大川さんは、20歳(さい)なのに、お年寄り(よ)_____人ですね。

3. 今年のニューヨークの7月4日のおまつりは、アメリカ_____おまつりですね。

4. ネクタイをしていて、スーツを着ているサラリーマン_____人は、じつは、どろぼうなんです。

5. 三上さんは医者_____人ですね。毎日病院で患者さん(かんじゃ) (*patient*) を見て薬を出しています。とても忙(いそが)しそうですね。

6. タクシー乗り場ですか。ここをまっすぐ行くとバス停(てい) (*bus stop*) _____所があります。そこが、タクシー乗り場ですよ。

IV. Expressing limited degree using だけ〜 affirmative and しか〜 negative

A. Fill in the blanks with either だけ or しか. Add particles when needed.

1. A: 学校が火事ですけど，どこが焼けてますか。
   　B: 学食です。学食 _____ です。

2. A: ジョージさん，ホストファミリーの人に会いましたか。
   　B: 両親 _____ 会いました。

3. A: 上田さん，テストのせいせきが良かったですね。家でも図書館でも勉強したんですか。
   　B: いいえ、図書館 _____ 勉強しませんでした。

4. A: この三人にいじめられたんですか。
   　B: いいえ、高山さん _____ いじめられました。

5. A: この答え、全部間違っていますか。
   　B: いいえ、三番目 _____ 間違っています。

B. Complete the sentences using phrases that fit the situation given.

■ Example:　お金がなかったので、鉛筆を1本しか 買いませんでした。

1. _____ ので、鶏肉だけ _____。

2. _____ ので、二千円しか _____。

3. _____ ので、十五分だけ _____。

4. _____ ので、犬を一匹しか _____。

5. _____ での、学生が一人だけ _____。

6. _____ ので、お土産を一つしか _____。

V. Expressing opinions indirectly using 〜んじゃない（かと思う）

A. Answer the questions in Japanese using 〜んじゃないかと思う

1. 日本語は漢字が多いと思いますか。

_____。

2. パンダはかわいいと思いますか。

_____。

3. 近い将来、東京に地震が来ると思いますか。
　　　　しょう　　　　　じ しん

_____。

4. 明日，友達が交通事故にあうと思いますか。
　　　　　　　　　こうつう じ こ

_____。

5. 日本語のせいせきは，どうやったらよくなると思いますか。

_____。

6. どうやったら漢字をよくおぼえられると思いますか。

_____。

B. From the phrases given in the box below, choose the one that best fits each situation given and write it in Japanese using 〜んじゃないかと思って.

■ Example: Because I thought the new book was expensive
　　　　　　　<u>新しい本は高いんじゃないかと思って</u>、買いませんでした。

you don't want to go,	you'll go to bed at 3 PM,
this train will go to Tokyo station,	you don't like deep fried food
you like to eat fried chicken,	you are busy,
you'll wake up at 7,	it's too expensive,

1. _____、電話をかけませんでした。

2. _____、いためました。

3. _____、もうしこみませんでした。

4. _____、乗り換えませんでした。

5. _____、起こしませんでした。

総合練習 Integration
そうごう

Read the passage below and then answer the questions that follow.

言葉のリスト

起こる to happen, take place, break out   壊れる to be broken
お   こわ

　日本は地震がよくあります。千九百三十二年九月一日に東京で大きな地震があ
　　　　じしん
りました。この地震を関東大震災と言います。これはとても大きな地震で，被害は
　　　　じしん　　かんとうだいしんさい　　　　　　　　　　　　　　　　じしん　　ひがい
とても大きかったです。この地震は、午前十一時五十八分と、お昼ご飯の少し前で、
　　　　　　　　　　じしん
たくさんの人が料理を作っていたから、火事が起こり、たくさんの家が燃えました。
　　　　　　　　　　　　　　　　　　　　　　　お　　　　　　　　　　　も

　少し前にもう一つ大きい地震がありました。千九百九十五年一月一七日です。
　　　　　　　　　　　　じしん
この地震は阪神・淡路大震災と言います。この地震は朝早く午前五時四十六分に起
　　じしん　　はんしん　あわじだいしんさい　　　　　　じしん　　　　　　　　　　　　　　　　お
こりました。朝早かったので，たくさんの人が寝ていました。1_____と、
逃げるところがなくなるから、怖いです。
に　　　　　　　　　　　　こわ

　こういった災害の時には、2_____が出ることがあります。「津波が来る」
　　　　さいがい　　　　　　　　　　　　　　　　　　　　　　　　つなみ
という噂を聞いて逃げよう思っていたけど、本当じゃなかったと言うこともありま
　　うわさ　　　　　　　　　　　　　　　ほんとう
す。ラジオでニュースを聞いて、何をするかよく考えましょう。

　それから、災害の時には泥棒に入られることがあります。地震で壊れて、誰も
　　　　　　さいがい　　　どろぼう　　　　　　　　　　　　じしん　こわ　　だれ
いない家に入って、何かを盗みます。ですが、3_____。いい人もたく
　　　　　　　　　　　ぬす
さんいます。阪神・淡路大震災の時、日本の色々なところから、4_____。
　　　　　　はんしん　あわじだいしんさい

　災害はいつ起こるか、分かりません。災害が来た時何をするか、考えておいた
　さいがい　　お　　　　　　　　　　　さいがい　　　　　　　　　　かんが
方がいいでしょう。

A. Numbers 1–4 below are the phrases that go in the blanks in the passage above. Translate these into Japanese being sure that the form you use fits the passage above.

1. A big earthquake comes (use indirect passive form)

   _____

2. A rumor which seems like the truth

   _____

3. It's not only the bad people.

   _____

4. Water, clothes, and foods were sent to help (助ける) the people who got hit by the earthquake.

   _____

B. 質問に日本語で答えて下さい。

1. お昼前に起きた地震の名前は何ですか。

   _____。

2. 朝早く起きた地震の名前は何ですか。

   _____。

3. 災害の時の泥棒は、どこから、物を盗みますか。
   さいがい　　　　　どろぼう　　　　　　　ぬす

   _____。

C. 災害が起きた時、何をした方がいいと思いますか。三つ書いて下さい。
   さいがい　お

   1. _____。
   2. _____。
   3. _____。

書く練習 **Writing Practice**

A. Look at the chart on pages 380–382 of your textbook and write each **kanji** ten times using the handwritten style

笑										
泣										
泳										
払										
売										
落										
助										
考										
決										
待										
遊										
呼										
招										
忙										
静										

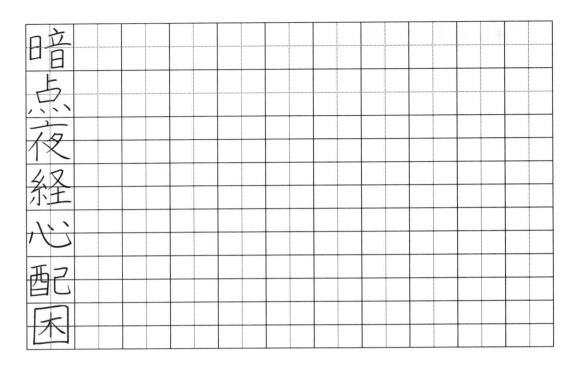

暗
点
夜
経
心
配
困

B. Rewrite each sentence using **kanji, hiragana,** and **katakana**.

1. にちようびに、うみでおよぎませんか。

_____

2. こんしゅうまつは、いそがしいですが、らいしゅうはいいですよ。

_____

3. ぱーてぃーにしょうたいされましたが、きていくふくがしんぱいです。

_____

4. よる、ここはくらいから、どこかあかるいところでまっていてください。

_____

5. もりさんは、けいざいのしけんのてんが５０てんだったので、ないています。

_____

6. こどものなまえをかんがえてきめました。

_____

7. きのう、くるまをうりましたが、やすくうりすぎました。

_____

8. なかがわさんをよんでもいいですが、あのひとはしずかなひとですよ。

_____

9. じむさんにゆうえんちでおかねをはらってもらって、たすかりました。

_____

ラボの練習 Lab Activities

Part 1: Speaking and Listening Comprehension Activities

I. Expressing problems and events, using the passive form

A. Listen to the conversations. Fill in the chart below listing who or what was causing the trouble in the conversation and what happened to cause the trouble.

■ You hear:　A: 昨日は、森さんにメールを読まれたんです。

　　　　　　　B: それはたいへんでしたね。

Agent causing trouble:　Mr. Mori
Action caused trouble:　reading e-mail

	Agent causing trouble	Action which caused trouble
1.		
2.		
3.		
4.		
5.		
6.		

B. Listen to the conversations and make a sentence by using the passive form.

■ You hear: A: きのう、私の家に、泥棒が入ったんです。
            どろぼう

            B: 森さん、それは困ったでしょう。

            A: ええ、そうなんです。

You write: 森さんは、 泥棒に入られました。
            どろぼう

1. 川上さんは、_____。

2. おじいさんは、_____。

3. 山中さんは、_____。

4. 次郎さんは、_____。
   じろう

5. 洋子さんは、_____。
   ようこ

II. Expressing conjecture based on indirect evidence using 〜らしい ; expressing conjecture based on direct evidence using 〜ようだ／みたいだ

A. Listen to the monologue and rewrite the sentences using 〜らしい.

■ You hear:　A: 明日の天気はどうでしょうかね。

　　　　　　　B: 天気予報は、雨がたくさん降ると言ってましたよ。
　　　　　　　　　　よ ほう

You write: <u>明日は大雨がふる</u>らしい。

1. 上田さんは _____ らしい。

2. _____ らしい。

3. _____ らしい。

4. _____ らしい。

5. _____ らしい。

B. Listen to the conversations and choose the statement that best describes each conversation.

■ You hear:　A: このコンピューターは使いやすいみたいだよ。
　　　　　　　B: え、どうしてそう思うの
　　　　　　　A: 一時間使ってるんだけど、とても早いし、変にならないんだ。
　　　　　　　B: へえ、それはいいですね。

You see:　a. He thinks that the computer is easy to use because it's very fast.

　　　　　b. He thinks that the computer is hard to use and doesn't want to use it more than one hour.

　　　　　c. He thinks that the computer is easy to use because his friend said so after using it for one hour.

You choose: a.

1. a. Morita-san's mother seems to be Chinese but he doesn't speak Chinese.
   b. Morita-san is taking Chinese because he appears to want to speak Chinese to his mother.
   c. Morita-san's mother seems to be Chinese and that's why his Chinese is good.

2. a. Ueda-san appears to be sick to avoid taking the test today.
   b. Ueda-san went home because he appears to be sick. He might take the test on Thursday.
   c. Ueda-san appears to be pale because of the test on Thursday.

III. N のような／みたいな ; *like ~*, N らしい N *typical ~*

A. Listen to the conversations and write down what someone or something looks like and then given the real identity.

■ You hear: A: ここには、いろんな人が来ますよね。

B: ええ、でも、昨日、サラリーマンみたいな人が来ましたか。

A: ええ、来たと思いますよ。とてもきれいなスーツを着てました。どうしたんですか。

B: その人、本当は、泥棒だったんですよ。
　　　　　　　　　 どろぼう

You write: Looks like: __white-collar worker__

Real Identity: __thief__

	Looks like	Real Identity
1.		
2.		
3.		
4.		
5.		

IV. Expressing limited degree using だけ〜 affirmative and しか〜 negative

A. Listen to the conversations and make a sentence that explains why something happened (as described in the conversation) using either だけ〜 affirmative and しか〜 negative.

■ You hear   A: 昨日、どんな文房具を買いましたか。
                B: 消しゴムを買いました。他の物は買いませんでした。
                A: どうしてなんですか。
                B: 時間がなかったんです。

    You write: <u>時間がなかったから、消しゴムだけ買いました。</u>

1. _____ 。

2. _____ 。

3. _____ 。

4. _____ 。

5. _____ 。

B. Listen to the conversations and choose the statement that best describes each conversation.

■ You hear:　A: 動物園は、おもしろかったでしょう。

B: でも、時間があんまりなかったから。

A: ゾウやクマみたいな大きい動物しか見られなかったよ。

B: また来るから、鳥やアヒルみたいな小さい動物は、その時見ればいいのよ。

You see:　a. They could see only small animals at the zoo because they were in a hurry.
b. They will see elephants and bears when they have time.
c. They could see only big animals because there wasn't enough time.

You choose c.

1. a. Scott and Yoko can go to the amusement park only on Wednesday.
b. Scott can go to the amusement park only on Wednesday, but Yoko can't go that day.
c. Yoko can go to the amusement park only on Wednesday, but Scott can't go that day.

2. a. Only Ogawa-san doesn't go to the museum because he's running late.
b. Only Ogawa-san didn't ride the bus because he was running late.
c. Ogawa-san is only going to the museum because he's running late.

3. a. Ishikawa-san didn't do well on the history exam because he lost the textbook.
b. Ishikawa-san only did well on the history exam because he likes history
c. Ishikawa-san did well on the Spanish exam because he only studied Spanish.

4. a. The only meat Mori-san won't eat is beef because he thinks it's dangerous.
b. The only meat Mori-san won't eat is beef because he thinks it's expensive.
c. Mori-san only eats beef because he doesn't like other kinds of meat.

5. Vocabulary: 冷蔵庫 refrigerator
a. Only soda isn't chilled because the refrigerator is small.
b. Only soda is chilled because the refrigerator is small.
c. Only soda is chilled because he didn't have time to go out and buy.

V. Expressing opinions indirectly using 〜んじゃない（かと思う）

A. Listen to the conversation and write a sentence that best fits each conversation using 〜んじゃないかと思う.

■ You hear:　A: 明日の天気はどうでしょうか。

　　　　　　　B: 今朝の天気予報では、晴れると言ってましたよ。
　　　　　　　　　　　　　　ほう

　　　　　　　A: でも、午後６時の天気予報は、くもると言ってました。

　　　　　　　B: さあ、どうでしょうかね。

You write:　<u>明日はくもる</u>んじゃないかと思います。

1. _____んじゃないかと思います。

2. _____んじゃないかと思います

3. _____んじゃないかと思います

4. _____んじゃないかと思います

5. _____んじゃないかと思います

B. Listen to the following conversation. You will not be able to hear a part of the conversation because of the background noise. Fill in the blanks with the best possible phrase for the part you cannot hear using 〜じゃないかと思います.

■ You hear　A: 今晩、雨は、どうでしょうかね。

　　　　　　　B: _____じゃないかと思います。

　　　　　　　A: どうしてそう思うんですか。

　　　　　　　B: 雲が多くて、むし暑いからですよ。

You write:　<u>今晩、雨がふるん</u>じゃないかと思います。

1. _____じゃないかと思います。

2. _____じゃないかと思います。

3. _____じゃないかと思います。

4. 太ったと言ってたから、_____じゃないかと思います。

5. あの人、_____じゃないかと思いますよ。

Part 2: Dict-A-Conversation

Ms. Smith and Tadashi are at the school cafeteria

言葉のリスト

学生証　student ID　　　つかまる　to be arrested

ただし：＿＿＿＿＿＿＿＿＿＿＿＿＿＿＿＿＿＿＿＿＿＿＿＿＿。

スミス：＿＿＿＿＿＿＿＿＿＿＿＿＿＿＿＿＿＿＿＿＿＿＿＿＿。

ただし：＿＿＿＿＿＿＿＿＿＿＿＿＿＿＿＿＿＿＿＿＿＿＿＿＿。

スミス：＿＿＿＿＿＿＿＿＿＿＿＿＿＿＿＿＿＿＿＿＿＿＿＿＿。

ただし：＿＿＿＿＿＿＿＿＿＿＿＿＿＿＿＿＿＿＿＿＿＿＿＿＿。

スミス：＿＿＿＿＿＿＿＿＿＿＿＿＿＿＿＿＿＿＿＿＿＿＿＿＿。

ただし：＿＿＿＿＿＿＿＿＿＿＿＿＿＿＿＿＿＿＿＿＿＿＿＿＿。

スミス：＿＿＿＿＿＿＿＿＿＿＿＿＿＿＿＿＿＿＿＿＿＿＿＿＿。

ただし：＿＿＿＿＿＿＿＿＿＿＿＿＿＿＿＿＿＿＿＿＿＿＿＿＿。

スミス：＿＿＿＿＿＿＿＿＿＿＿＿＿＿＿＿＿＿＿＿＿＿＿＿＿。

ただし：＿＿＿＿＿＿＿＿＿＿＿＿＿＿＿＿＿＿＿＿＿＿＿＿＿。

スミス：＿＿＿＿＿＿＿＿＿＿＿＿＿＿＿＿＿＿＿＿＿＿＿＿＿。

ただし：＿＿＿＿＿＿＿＿＿＿＿＿＿＿＿＿＿＿＿＿＿＿＿＿＿。

スミス：＿＿＿＿＿＿＿＿＿＿＿＿＿＿＿＿＿＿＿＿＿＿＿＿＿。

ただし：＿＿＿＿＿＿＿＿＿＿＿＿＿＿＿＿＿＿＿＿＿＿＿＿＿。

Chapter 9
第九課
Culture and Customs
文化と習慣
ぶん　か　　しゅう　かん

Workbook Activities

単語の練習 Vocabulary Practice

質問に日本語で答えてください。

1. 何かしんじている宗教がありますか。どんな宗教ですか。
しゅうきょう　　　　　　　　　　　しゅうきょう

_____

2. 日本の伝統的な文化はどんなものがありますか。
でんとうてき　　ぶん　か

_____

3. いつ、正座をしなければならないと思いますか。
せい　ざ

_____

4. だれかを見送りに行く時は、どこに行きますか。

_____

5. 日本でいつチップを払いますか。

_____

6. どんなときに心細くなると思いますか。
こころぼそ

_____

7. 交通事故にあった時、あやまった方がいいですか。
こうつう　じ　こ

_____

8. ぜったいに人をほめる時はいつですか。

_____

9. 困っている人を助けたことがありますか。その人は何に困っていましたか。

_____

10. 日本ではいつお辞儀をしますか。

_____

I. Expressing the performance of a favor using てあげる／くれる／もらう

A. Add the appropriate particles to the sentences below. If no particle is necessary, put an X.

1. 金田さん ＿＿＿ 空港 ＿＿＿ 見送ってくれました。

2. 森田さん ＿＿＿ チャーハン ＿＿＿ 作ってもらいました。

3. メリーさん ＿＿＿ 鳥のえさ ＿＿＿ 買ってもらいました。

4. 山口さん ＿＿＿、おせいぼ ＿＿＿ おくってくれました。

5. 吉田さん ＿＿＿、フードコート ＿＿＿ 付き合ってくれました。

6. 父 ＿＿＿ となりのおじさん ＿＿＿ あやまってくれました。

7. デパートの人 ＿＿＿、おくり物 ＿＿＿ リボン ＿＿＿ かけてくれました。

8. かさ ＿＿＿ ない人 ＿＿＿ かさ ＿＿＿ かしてあげました。

9. 鶏肉の焼き方 (way of cooking) ＿＿＿ 教えてもらいました。

10. 三上先生 ＿＿＿、日本語の発音 (pronunciation) ＿＿＿ ほめていただきました。

11. 大森さん ＿＿＿ 落語 ＿＿＿ つれて行ってくれました。

B. From the verbs in the box below, choose the verb that best fits the sentences given. Change the verb to its て form and combine it with one of the following (choose the one that best fits the sentence): くれる、くださる、あげる、やる、もらう、いただく . Write your answers in the blanks provided.

行く　買う　温める　　教える　　食べる　　おぼえる　　書く　　むかえに行く

1. 森田先生に宿題を ＿＿＿＿＿＿＿＿＿＿＿＿＿＿＿＿＿＿＿＿＿＿＿＿。

2. となりのおばさんは、妹にお菓子を ＿＿＿＿＿＿＿＿＿＿＿＿＿＿＿＿＿＿＿＿。

3. ホスト・ファミリーの人は空港まで ＿＿＿＿＿＿＿＿＿＿＿＿＿＿＿＿＿＿＿。

4. 同僚の古田さんにつきあって、いっしょにラーメン屋に ＿＿＿＿＿＿＿＿＿＿＿。

5. 先輩の中本さんが、きれいに習字を ＿＿＿＿＿＿＿＿＿＿＿＿＿＿＿＿＿＿＿。

II. Making or letting someone do something using the causative form

A. Complete the following table by changing each verb to its causative form.

食べる	食べさせる	買う	買わせる
住む		分かる	
つとめる		動く	
休む		泊まる	
調べる しら		終わる	
ひらく		留学する	
持つ		考える	
手伝う		教える	
おぼえる		困る	
はやる		すてる	

B. Look at the drawings and phrases in the table below. Write a sentence that matches the situation shown in the table using the causative form.

■ Example: <u>両親は、（私に）午後8時にシャワーを浴びさせました。</u>

	Cause	Subject	Action	Further Info
Ex.	My parents	I		at 8 PM
1.	My mother	My younger brother		on Sunday
2.	I	my son		forced to go
3.	Professor	his students		10 photos
4.	Doctor	I		forced to stay home due to sickness
5.	My aunt	my older sister		On New Year's Day

1. _____。

2. _____。

3. _____。

4. _____。

5. _____。

III. Requesting permission to do something using the causative て form and request expressions

A. Read the following situations and make a sentence that best fits the situation using 〜させて　[いただく、くれる、ほしい].

■ Example:　　You just came home from outside. You want to wash your hands before eating some snacks. But your little sister is brushing her teeth and you cannot use the sink. What would you say to her?

You write: 手を洗わせてくれる？

1. You were jogging for about 30 minutes and were very thirsty. You came back home and asked your mother if could drink some water. What would you say to your mother?

　　_____。

2. You were invited to a party at your boss's home. You bought and brought some drinks. You would like to chill them because the drinks got warm on your way. How would you ask your boss to let you chill the drinks?

　　_____。

3. At your company, guests from Germany are going back home. You would like to get permission from your boss to see them off at the airport. What would you say to your boss?

　　_____。

4. You are at Yoko's house meeting her parents. You would like to get their permission to marry Yoko. What would you say to them?

　　_____。

5. You really would like to learn the tea ceremony and would like to ask your parents if they will let you take lessons. What would you say to them?

　　_____。

B. Complete the sentence by choosing the most appropriate verb from the box below and using it with
～させて [くれませんか／いただけませんか／ほしいんですが].

■ You see: 考える　　　　これは、難しいので、＿＿＿＿＿＿＿＿＿。

You write: 考えさせてほしいですね。

そうじをする	ここで食べる	もう少しいる
温める	ここで待つ	かう
送る	自分の車を使う	はたらく

1. この部屋はとてもきたないので、＿＿＿＿＿＿＿＿＿＿＿＿＿＿＿＿。

2. 友達がもうすぐ出てくるので、＿＿＿＿＿＿＿＿＿＿＿＿＿＿＿＿。

3. ほかのテーブルはいっぱいないので、＿＿＿＿＿＿＿＿＿＿＿＿＿＿＿。

4. この犬、すてられてかわいそうなので、＿＿＿＿＿＿＿＿＿＿＿＿＿＿。

5. 電車で行くのは不便だから、＿＿＿＿＿＿＿＿＿＿＿＿＿＿＿＿＿＿。
　　　　　　　ふべん

6. この博物館を見て、なかしくなったから、＿＿＿＿＿＿＿＿＿＿＿＿＿。
　　　はくぶつかん

IV. Expressing the immediate future using 〜る + ところ; the current situation using 〜ている + ところ; and the immediate past using 〜た + ばかり／ところ

A. Complete the conversation with the appropriate form of verb.

■ Example:　A: 宿題は終わった？

　　　　　　B: あ、いま、_____ ところなんだ。

　　　　　　A: よかった。じゃ、お昼ご飯を食べよう。

You write: <u>終わった</u>

1. A:　あ、上田さん。今、どこかから帰ってきたんですか。

　　B:　ええ。たった今、ショッピングが終わって、家に _____ ところなんです。

　　A:　そうですか。

　　B: クリスマスが近いから、たくさん買い物をしたんですよ。

2. A:　今、落語をやる人が、学食に来てますよ。
　　　　らくご

　　B:　そうなんですよ。今、その人の落語を _____ ところです。

　　A:　あの落語家はとても有名な人だそうですよ。
　　　　らくごか

　　B:　楽しみですね。

3. A:　洋子、もう７時だからお兄ちゃんを起こして。
　　　　ようこ

　　B:　いま、_____ ところなんだけど。

　　A:　どうなの？　起きたの？

　　B:　それが、まだ起きないの。

4. A:　小川さんは、安田さんにあやまりましたか。

　　B:　今、_____ ところなんです。

　　A:　早くあやまりなさい。小川さんが安田さんの教科書を間違えて持って帰ったん
　　　　　　　　　　　　　　　　　　　　　　きょうかしょ
　　　　だから。

　　B:　はい。

ポテトをあげているところです。

5. A: もうすぐパーティーが始まるけど、料理はできた？

B: もうちょっとで、全部できるよ。
<small>ぜん</small>

A: ポテトはどう？　あれは時間がかかるでしょ。

B: ポテトは今、_____ところなんだ。もうすぐできるよ。

B. Complete the sentences by choosing the best phrase from the box below. There are some extra sentences.

■ Example:　先週動物園に行ったばかりだから、<u>今日は行きたくありません</u>。

また歩くんですか。	あたたかくなりますよ。
すぐに家に入ってください。	まちがえました。すみません。
ゆっくりさせてくださいよ。	おいしいですよ。
まだむりは出来ませんね。	あまり分かってないようです。

1. 学生に、これは教えたばかりだけど、_____。

2. みんな、今来たばっかりだから、_____。

3. このご飯は、炊いたばかりだから、_____。

4. 今、座ったばかりなんですが、_____。

5. うちに帰ったばかりなので、_____。

6. 病気が治ったばっかりなので、_____。
<small>なお</small>

V. Expressing time spans, using 間 and 間に; tense in subordinate clauses

A. Complete the sentences with a phrase that fits each situation.

1. ジョージさんがここにいる間に、_____。

                      (George is from the U.S.)

2. 先生がここにいる間に、_____。

3. 両親が出かけている間に、_____。

4. 晴れている間に、_____。

5. お客さんが少ない間に、_____。

6. ドアがしまっている間に、_____。

7. 森さんがたばこをすっている間に、_____。

B. Complete the conversations below with a phrase that fits the situation.

■ Example: A: 森さん、明日のパーティー、何時からでしたかね。

              B: 午後5時からですよ。

              A: 5時から。ご両親が、よくいいと言いましたね。

              B: 両親は昨日から旅行に行っているんです。_____間に、パーティーをするんですよ。

              A: ああ、そうですか。

You write: <u>両親がいない</u>間に

1. A: この会社のコンピューター、来月から高くなるんですよ。

     B: そうなんですか。じゃ、_____間に買ったほうがいいですね。

     A: ええ、そう思います。

2. (A mother and her son are talking. Yoko is his little sister.)

     A: 洋子はどこ。

     B: 友達の所に遊びに行ったわ。_____間に、コンピューターを使っておいたほうがいいわよ。コンピューターが一つしかないから、いつもけんかをするでしょ。

     B: じゃ、今メールを書いておくよ。

3. (It's almost 10 PM.)

A: 西山さんに電話をかけましたか。

B: いいえ、まだかけてないですよ。

A: 西山さんが _____ 間に、かけた方がいいですよ。西山さんは毎日十時には寝るんです。

B: じゃ、早く電話をかけます。

4. A: 日本語のプロジェクトは出来た？

B: あと、おまつりの写真をとるだけなんだ。

A: よかったわね。でも、_____ 間に、写真をとった方がいいわよ。

B: そうなんだ。おまつりは明日で終わるからね。

5. A: 林さんは、経済のこと、よく知っていますよね。
けいざい

B: ええ、林さんは、銀行ではたらいているから、経済はよく知ってますよ。
けいざい

A: あと一週間で、林さんはアメリカに留学するそうですよ。

B: ほんとうですか。_____ 間に、経済の話をよく聞きたいですね。
けいざい

A: 電話をかけて、いつ時間があるか、聞きましょう。

総合練習 Integration
そうごう

Read the passage below, then answer the questions.

言葉のリスト
ことば

島国　　island country しまぐに	鎖国　　national isolation さこく	
オランダHolland	伝統的　traditional てんとうてき	オノマトペア　onomatopoeia

日本には、日本の文化があります。日本文化は他の国の文化ととても違います。
ぶんか
どうして日本の文化は他の国の文化と違うんでしょうか。

まず、その理由の一つは、日本が島国だからでしょう。日本は周りが海なので、
りゆう　　　　　　　　　　　　　　しまぐに　　　　　　　　　　　　まわ
他の国に行くには歩いて行くことができません。ヨーロッパのように自由に好きな
時に外国に行けません。だから、外国人が少ないです。

もうひとつの理由は、鎖国があります。日本は 1633 年から 1858 年までの
りゆう　　　　さこく
200 年と少しの間、鎖国をして、この 200 年間の間に貿易をした国はオランダだ
さこく　　　　　　　　　　　　　　　　　ぼうえき
けでした。1 _____。2 _____。

この間、俳句、落語のような日本の文化が生まれました。茶道は、鎖国の前か
はいく　らくご　　　　　ぶんか　う　　　　　　さどう　　さこく
らありましたが、普通の人が茶道するようになりました。
さどう

鎖国が終わって百五十年になります。その間に、日本には外国のいろいろな文
さこく　　　　　　　　　　　　　　　　　　　　　　　　　　　　　　　ぶん
化が入ってきましたが、今でも、日本の文化は他の国の文化とは違います。伝統的
か　　　　　　　　　　　　　　　　　　　　　　　　　　　　　　　でんとうてき
なのではなく、新しい文化もあります。最近、世界で流行っている日本の文化はマ
せかい　はや　　　　　ぶんか
ンガです。マンガを読みたいから、日本語を勉強する人が多いです。

外国人が日本語を勉強する時、困る物にオノマトペアがあります。マンガには
このオノマトペアがたくさん使われています。マンガを使うと、オノマトペアを勉
強するのは、楽しくなります。3 _____。

日本の文化は、新しい物から、古い物まで、色々な物があります。皆さんは、
どんな日本の文化が好きですか。

A. Answer the questions in English, based on the reading passage above.

1. What are the two reasons given for Japanese culture being so different from cultures in other countries?

Reason 1 _____.

Reason 2 _____.

2. How are **manga** useful for learning Japanese?

_____.

B. Express the following in Japanese.

1. The Dutch could only live on a small island called Dejima in Nagasaki.

_____

2. During the national isolation, the Japanese couldn't go to foreign countries.

_____

3. Some Japanese professors have their students study onomatopoeia by using **manga**.

_____

書く練習 **Writing Practice**

A. Look at the chart on pages 426–428 of your textbook and write each kanji ten times using the handwritten style

化											
治											
京											
説											
調											
集											
的											
失											
々											
難											
不											
利											
当											
期											
和											

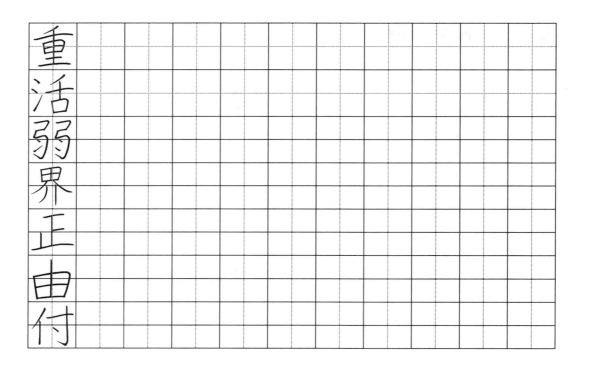

重												
活												
弱												
界												
正												
由												
付												

B. Rewrite each sentence using **kanji, hiragana,** and **katakana**.

1. きょうとには、おてらがたくさんあつまっています。

_____

2. このりょかんは、にほんてきですね。きのうのばんごはんにたべたわしょくはとてもよかったです。

_____

3. せんせい、きょうはこれでしつれいします。

_____

4. なかにしさんは、とうきょうでせいかつするのは、べんりだとおもっています。

_____

5. なつがっきの、にほんぶんかのじゅぎょうは、とてもたのしかったです。

_____

6. あきがっきのきまつしけんは、ほんとうにむずかしいとおもいますよ。

_____

7. このにもつは、いろいろなものが、はいってるから、おもいですよ。

_____

8. にほんじんが、ちかてつをよくつかうりゆうをせつめいします。

_____

9. こやまさんはえいごがよわいんです。しけんのてんは、いつもわるいんです。

_____

10. このかんじは、ただしいとおもいますが、もういちど、しらべてみます。

_____

ラボの練習 Lab Activities

Part 1: Speaking and Listening Comprehension Activities

I. Expressing the performance of a favor using てあげる／くれる／もらう

A. Listen to the conversations. For each conversation, write a sentence with 〜て + くれる／ください／あげる・くれる・もらう・もらう・いただく to express the situation given.

■ You hear:　A: あ、これは森さんの教科書ですね。

B: あ、忘れたんでしょう。明日テストがあるから、森さん、困ると思いますよ。

A: じゃ、私が森さんのアパートにとどけますよ。

B: 林さん、お願いしますね。

You write:　林さんが森さんに教科書をとどけてあげました。

1. トムさん _____。

2. 母 _____。

3. 道子さん _____。

4. 兄 _____。

5. 東さん _____。

B. Listen to the sentences and and fill in the chart below by identifying the person doing the favor, the person receiving the favor, and the action of the favor itself.

■ You hear: 先生は、学生に宿題を教えてあげます。

You write: Person doing the favor: <u>Professor</u>

Person receiving the favor: <u>Student</u>

Action: <u>to tell the homework</u>

	Person doing the favor	Person receiving the favor	Action
1.			
2.			
3.			
4.			
5.			

II. Making or letting someone do something using the causative form

A. Listen to the conversation and write a sentence that answers the question "Who made whom do what?"

■ You hear: A: うちの 10 歳の息子、朝、起きないんですよ。

B: 夜は、早く寝てますか。

A: いいえ、11 時頃寝るんですよ。

B: それはよくないですね。もっと早く寝させた方がいいですよ。

A: そうですね。今日は、子供を早く寝させます。

You write: <u>A mother is making her son go to bed early today.</u>

1. _____。

2. _____。

3. _____。

B. Listen to the conversation and create a sentence that fits the conversation using the causative form.

■ You hear: A mother and her son are talking.

A: お母さん、ここにパンがあるね。

B: そう、昨日買ってきたんだけど。

A: これ食べたいんだけど、いい？

B: いいけど。

You write: お母さんは、息子にパンを食べさせてあげます。
むすこ

1. 山田さんは、_____。

2. 部長は、_____。

3. 先生は、_____。

4. お母さんは、_____。

5. お父さんは、_____。

III. Requesting permission to do something, using the causative て form and request expressions

A. Listen to the conversation. Fill the in chart below by listing what was requested in the conversation and then indicating whether or not the request was granted.

■ You hear: A: 先生、今日の宿題、明日出させていただけませんか、もうちょっと考えたいんです。

B: いいえ、明日はよくないです。今日出して下さい。

You write: Request: <u>The student would like to turn in the assignment the next day.</u>

Granted: <u>No</u>

	Request	Granted?
1.		
2.		
3.		
4.		
5.		

B. Listen to the conversation, and create a sentence that the person making the request should use in the situation given.

■ You hear: A: 先生、すみません。トイレに行ってもいいですか。

B: スコットさん、授業は5分前に始まったんですよ。

A: すみません、でも。

B: わかりました、いいですよ。

You write: トイレに行かせていただけませんか。

1. _____。

2. _____。

3. _____。

4. _____。

5. _____。

IV. Expressing the immediate future using 〜る＋ところ; the current situation using 〜ている＋ところ; and the immediate past using 〜た＋ばかり／ところ

A. Listen to the conversations and write down the action in the first column. In the second column, circle "just about to," "in the process" or "just done" to indicate at what point the action is in.

■ You hear:　この服は洗うところです。

A: 今日の洗濯は、もうしましたか。

B: あ、今洗うところですよ。

A: よかった。このズボンも洗っておいて下さいね。

B: はい、わかりました。

You write:　Action: <u>doing laundry</u>　　(just about to)　　in the process　　just done

	Action			
1.		just about to	in the process	just done
2.		just about to	in the process	just done
3.		just about to	in the process	just done
4.		just about to	in the process	just done
5.		just about to	in the process	just done

B. Listen to the conversation, and make a sentence that best describes the situation given using 〜ところです。

■ You hear: A: 次郎、家にいたの？
B: そうだよ。ちょっと前にうちに帰ってきたんだ。
A: 手はもう洗ったの。
B: 今からだよ。

You write: 次郎さんは、手を洗うところです。

1. ジョージさんは、＿＿＿＿＿＿＿＿＿＿＿＿＿＿＿＿ところです。

2. 洋子さんは、＿＿＿＿＿＿＿＿＿＿＿＿＿＿＿＿＿ところです。

3. 森田さんは、＿＿＿＿＿＿＿＿＿＿＿＿＿＿＿＿＿ところです。

4. 次郎さんは、＿＿＿＿＿＿＿＿＿＿＿＿＿＿＿＿＿ところです。

5. 上田さんは、＿＿＿＿＿＿＿＿＿＿＿＿＿＿＿＿＿ところです。

V. Expressing time spans, using 間 and 間に ; tense in subordinate clauses

A. Listen to the conversations and make a statement that best describes the situation given, using 間 .

■ You hear: A: 私は今から宿題をしますが、川口さんは何をしますか。

B: 私は音楽を聞きます。でも、ヘッドホンを使います。中山さんは静かな
方がいいでしょ。

A: 川口さん、どうもありがとう。１時間ぐらい終わると思います。

B: いいえ、大丈夫ですよ。

You write: 中山さん<u>が宿題をする</u>間中山さんは<u>音楽を聞きます</u>。

1. 山下さん _____ 間、森さん _____。

2. 大川さん _____ 間、山下さん _____。

3. お母さん _____ 間、洋子さん _____。

4. 大山さん _____ 間、私 _____。

5. 奥さん _____ 間、ご主人 _____。

B. Listen to the conversations given and answer the questions in English.

■ You hear: A: 森さん、林さんにメールはもう書いたの？

              B: うん、もう書いたよ。

              A: 山田さんが教会で祈っている間に、メールを書いたよ。

              B: あ、私が教会で祈ってる間に。ありがとう。

You see: Who wrote an e-mail?   What did Yamada-san do?

You write: <u>Mori-san wrote an e-mail.</u>   <u>Yamada-san prayed at church.</u>

1. Vocabulary: 返事 reply
           へんじ

    A. Who is a famous professor? _____

    B. How did he get famous? _____

    C. When he was busy meeting one person, what did he do if another person wanted to see him?

              _____

    D. What happens while he is replying to his e-mail that keeps him so busy?

              _____

2. A husband and wife are talking at night.

    A. What is coming soon? _____

    B. Why can't she wrap presents? _____

    C. What did he suggest he would do so that she can wrap? _____

    D. When did she suggest that he do C? _____

    F. What is the reason for D? _____

Part 2: Dict-A-Conversation

小山：_____。

スミス：_____。

小山：_____。

スミス：_____。

小山：_____。

At the movie theater:

スミス：_____。

小山：_____。

スミス：_____。

小山：_____。

スミス：_____。

小山：_____。

スミス：_____。

小山：_____。

スミス：_____。

小山：_____。

Chapter 10
第十課

Complaints and apologies

文句と謝罪
もん く　　しゃ ざい

Workbook Activities

単語の練習 Vocabulary Practice

質問に日本語で答えてください。

1. 引っ越しをしたことがありますか。
こ

_____

2. 一番新しい友達の名前は何ですか。

_____

3. 夜中に困るのは、どんな時ですか。

_____

4. どんな人が正直だと思いますか。

_____

5. いつ自分の部屋を片付けますか。
かた

_____

6. 服がよごれたら、どうしますか。

_____

7. 今、何が一番心配ですか。

_____

8. どんなことを日記に書きますか。
にっき

_____

9. どんなうそをつかれたことがありますか。

_____

10. 漢字を書く時、どんな注意をした方がいいですか。
ちゅうい

_____

I. Expressing complaints using the causative-passive form

A. Complete the table.

Meaning	Dictionary Form	Causative	Causative-Passive
to eat	食べる	食べさせる	食べさせられる
to return			
to sleep			
to write			
to memorize			
to study			
to cry			
to walk			
to wrap			
to pay			
to assist			
to answer			
to wash			

B. Write down five things you were forced to do at work, in school, etc.

■ Example:　山田さんに、みんなの前で歌を歌わせられました。
　　　　　　　　　　　　　　うた　うた

1. _____。

2. _____。

3. _____。

4. _____。

5. _____。

II. Expressing or requesting efforts to change behavior using the plain present form of verbs + ようにする ; describing what efforts are being made to attain a specific goal using ～ように、～

A. Choose the most appropriate verb from the box below, conjugate it (e.g. past tense, negative form, etc.) and complete the sentence.

■ Example: みんな早く来るから、私も、もっと早く_____ようにします。

You write: <u>来る</u>

来る (Ex)	ふとる	片付ける かた	動かす	注意する ちゅうい	あげる
洗う	寝る	返す	歩く	覚える おぼ	無理をする む

1. 自分の部屋は、自分で _____ ようにします。

2. 今学期は朝が早いから、夜 10 時に _____ ようにします。

3. たばこをすっている人が多いから、もっと _____ ようにします。

4. 健康のため、毎日 30 分 _____ ようにします。
   けんこう

5. 気分が悪いから、_____ ようにします。

6. 一日に漢字を三つ _____ ようにします。

7. 吉田さんがきらいだから、鶏肉は油で _____ ようにします。
   あぶら

8. もっと早く図書館に本を _____ ようにします。

9. 服が着られなくなるから、_____ ようにします。

B. Complete the sentence with the pattern 〜ように .

■ Example: _____ ように、セーターを着ます。

You write: <u>暖かくなる</u>ように、

1. _____ ように、ご飯をたきます。

2. _____ ように、毎日勉強します。

3. _____ ように、ご飯を少しだけ食べます。

4. _____ ように、韓国語を勉強しておきます。
　　　　　　　　　　　　　　　　　　　　かん

5. _____ ように、部屋をあたたかくしておきます。

6. _____ ように、漢字をよく覚えておきます。

7. _____ ように、お風呂をわかして下さい。
　　　　　　　　　　　　　　　　　　　　　ろ

8. _____ ように、にげた方がいいですよ。

III. Expressing unchanged conditions using 〜まま

A. Choose the best word from the box below, conjugate it if necessary (i.e., past tense, negative form, etc.) and complete the sentence using 〜まま.

■ Example: _____まま、お昼ご飯を食べました。
　　　　　You write: <u>冷たいまま</u>

冷たい (Ex)	料理する	うるさい	しんじる	座る すわ	いのる	冷やす
借りる	もうしこむ	不便	洗う	包む つつ	ゆるす	大きい

1. キャシーさんは _____ まま、文化教室に行きました。授業が受けられるでしょうか。

2. 西山さんは、_____ まま教会を出ました。急いでいるんでしょう。
　　　　　　　　　　　　　　　　　　　　　　いそ

3. 豚肉はよく _____ まま、食べてはいけませんよ。
　ぶた

4. 祖父は日本がいい国になると _____ まま、しにました。
　そ

5. ５年間、この町のバスは _____ ままです。バスが一日に三本しかありません。

6. 小川さんは、両親に _____ まま、結婚しました。

B. Complete the sentence with 〜まま.

■ Example: 窓を開けたまま、_____。
　　　　　You write: 出かけたから、部屋が冷えていました。

1. あやまらないまま、_____。

2. テストの答えを間違えたまま、_____。

3. 本田さんのメールアドレスを調べないまま、_____。

4. さかなの料理がよくやけないまま、_____。

5. よく考えないまま、_____。

IV. Using the conditional ～ても and question word ～ても

A. Choose the most appropriate phrase from the box below, conjugate it (i.e., past tense, negative form, etc.) and complete the sentence.

■ Example: _____ ても、起きられますよ。

You write: <u>朝早くても、</u>

朝早い (Ex)	今日はたくさん食べる	ひま　料理する	三時間話す
韓国語が分かる かん	明日は雨が降る	このコンピューターは安い	便利
とてもよろこぶ	この町は車が少ない	テストがある	わかい

1. _____ ても、韓国に住んでいます。
   かん

2. _____ ても、よくないから買いません。

3. _____ ても、森田さんはしんじてくれませんでした。

4. _____ ても、大丈夫です。昨日たくさん食べたんです。

5. _____ ても、海で泳ぎます。とても泳ぎたいんです。

6. _____ ても、この魚はおいしいんですよ。

7. _____ ても、勉強は毎日しましょう。

8. _____ ても、運転は気をつけて下さい。

B. Complete the sentence by using question word + ても .

■ Example: _____ 、せいせきがよくなりません。
You write: <u>いくら勉強しても、</u>

1. _____ 、あの町には住みたくありません。

2. _____ 、山田さんは笑いませんでした。

3. _____ 、森さんはゆるしてくれませんでした。

4. _____ 、上田さんはいやな顔をしませんでした。

5. _____ 、吉田さんはおこりません。

6. _____ 、子供はすぐに服をよごします。

7. _____ 、肉料理は食べません。

8. _____ 、日本に住んでみたいです。

V. Using the plain form + のに , *despite* 〜 , *although* 〜

A. Choose the most appropriate phrase from the box below and change it to the appropriate form (i.e., past tense, negative form, etc.) and then complete the sentence.

■ Example: _____ のに、今日はとてもあたたかいですね。

You write: 冬なのに

Example: 冬	川口さんはわかい	ご飯をたく	注意する
日本に十年住む	アメリカに旅行する	一週間前に手紙を出す	直す
ハワイのチョコをもらう	車を買う	部屋をかたづける	よく勉強する

1. _____ のに、テストがよくなかったです。

2. _____ のに、ジョージさんは日本語が話せません。

3. _____ のに、山口さんのコンピューターは、また 変 (*strange*) になりました。

4. _____ のに、学生は大学でスケートボードをしています。

5. _____ のに、一時間できたなくなりました。

6. _____ のに、まだ着いていません。

7. _____ のに、もう食べてしまいました。

8. _____ のに、よく病院に行っています。

B. Complete the sentence with 〜のに .

1. _____ のに、まだはたらかないといけません。

2. _____ のに、もう大学に行っていますよ。

3. _____ のに、漢字を全部覚えてしまいました。

4. _____ のに、また引っ越します。

5. _____ のに、ほめてくれませんでした。

総合練習 Integration
そうごう

言葉のリスト

| 問題 もんだい | problem | 声 こえ | voice | マージャン | mah-jong |
| 燃える も | to burn | 頼む たの | to ask | | |

アパート

アパートには色々な人が住んでいます。日本のアパートは、ヨーロッパやアメリカのアパートと違って、とても狭いアパートが多いです。隣に住んでいる人の部屋と自分の部屋はそんなに遠くないので、思わないところで迷惑をかけていることがあります。

よくある問題は、音です。自分では、そんなにうるさくないと思っても、他の人にはとてもうるさいのが音です。音楽やテレビ、ラジオの音がこれ[1]です。音楽を聞いている人は好きな音楽を聞いているので、大きい音でも気になりませんが、そんな音楽が好きじゃない人には迷惑です。赤ちゃんの泣く声も迷惑です。赤ちゃんの声は高くて、遠くまで聞こえます。アパートに住んでいる人は、夜はあまり音を出さないように、注意をしなければいけません。

大学生は、よく夜遅くまで起きてテレビゲームをしたり、マージャンをしたりします。特に、マージャンは夜寝ないでやることがあって近所の人が困ります。マージャンの音はとてもうるさいです。

ゴミもよく問題になります。日本では、例えば、燃えるゴミは月曜日、燃えないゴミは水曜日というように、色々なゴミを違う日に出します。これ[2]を間違えると大変です。燃えるゴミの日に燃えないゴミを出すと、A: (they) leave the trash there and won't take it away。そしてゴミは、その日の朝出さないといけません。前の日の夜に出してはいけません。これはゴミを捨てるところの近くに住んでいる人が困るからです。

アパートに住んでいる人に、B: when you want to make a complaint about sound and trash, you try not to make the complaint yourself のが普通です。アパートの大家さんに文句を言ってもらうように頼みます。大家さんが音を出す人や困ることをしている人に話しに行ってくれます。日本では、このように、誰かに文句を言う時には、誰かに中に入ってもらいます。こうした方が、同じアパートに住んでいる人が仲が悪くならないのでいいんです。

1. What does each これ refer to? Answer in English.

    a. これ¹ _____ 。

    b. これ² _____ 。

2. Express A and B in Japanese.

    A: _____ 。

    B: _____ 。

3. Choose the correct statements based on the reading.
    a. A baby's crying voice is high but it doesn't reach far.
    b. Some university students play mah-jong all night.
    c. In general, apartments in Japan are smaller than those in the U.S. and Europe.
    d. It's the Japanese way to make a complaint directly to the person causing problems.
    e. You cannot put trash out the day before it is collected.
    f. You might be bothering your neighbor without knowing it because apartments in Japan are so cramped.

書く練習 Writing Practice

A. Look at the chart on pages 468–470 of your textbook and write each **kanji** ten times using the handwritten style.

全然注合覚歌句号直残貸借返置急

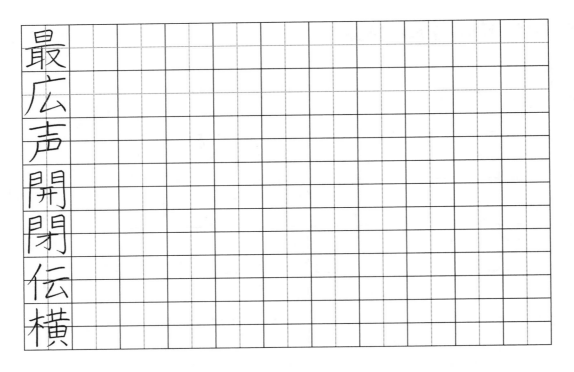

B. Rewrite each sentence using kanji, hiragana, and katakana.

1. 「いぬ」というかんじをおぼえましたか。

_____

2. そのことばのいみがわかりません。

_____

3. ちちは、まいにち、じどうしゃをなおします。

_____

4. うちのまどをぜんぶしめてきました。

_____

5. ざんねんですが、きょうはおおきいこえでうたがうたえません。

_____

6. げつようびにかりたざっしは、てーぶるのうえにおいてありますよ。

_____

7. すみません、このどあがあきません。てつだってくれますか。

_____

8. きのう、ちゅうもんをするとき、ゆうびんばんごうをかくのをわすれました。

_____

9. しりあいのよしださんは、ひろいこうえんのまえにすんでいます。

_____

10. いそいで、でたから、どあをしめませんでした。

_____

11. うえださんは、もんくがおおいから、こまります。

_____

12. つぎにかりたいほんは、いまとしょかんにないんです。

_____

13. らーめんやのよこのみちは、あまりひろくありませんね。

_____

ラボの練習 Lab Activities

Part 1: Speaking and Listening Comprehension Activities

I. Expressing complaints using the causative-passive form

Listen to the conversation and choose the actions the person in the conversation was forced to do.

■ You hear:　A: 昨日の日曜日は何をしましたか。

　　　　　　B: あ、昨日は大変だったんですよ。

　　　　　　A: どうしたんですか。

　　　　　　B: 朝から晩まで、母に洗濯と掃除をさせられて、疲れたんです。

　　　　　　A: それは大変でしたね。

　You choose:　A and B.

1. _____

2. _____

3. _____

4. _____

B. Listen to the conversations and make a statement using the causative-passive form.

■ You hear: A: 森田さん。すまないけど、今日は８時まで仕事をしてくれますか。

B: え？　８時まで仕事をしないといけませんか。

A: そうなんです。これは今日終えないといけないんです。

B: わかりました。

You write: 森田さんは、８時まで仕事をさせられます。

冷蔵庫	refrigerator
生け花 （いばな）	flower arrangement

1. _____○

2. _____○

3. _____○

4. _____○

5. _____○

II. Expressing or requesting efforts to change behavior using the plain present form of verbs + ようにする ; describing what efforts are being made to attain a specific goal using 〜ように、〜

A. Listen to the conversations and choose the selection that best describes each.

■ You hear:　A: 小川さんは、英語が上手になるように、何かやってますか。

　　　　　　　B: ええ、毎日英語のニュースをテレビで見てるんですよ。

You see:　　a. He's listening to English radio so that his English will improve.
　　　　　　b. He's watching English news so that his English will improve.
　　　　　　c. He's using Podcast so that his English will improve.

You choose:　b

1. a. He was hospitalized because of a traffic accident while he was jogging.
   b. He hasn't caught a cold for about 10 years since he started jogging.
   c. He started to jog for his health, but he catches cold often.

2. a. She got her driver's license, but her father always rides next to her.
   b. Her father is giving her driving lessons and that's why she goes home early.
   c. She goes home early so that her father will not worry about her driving.

3. a. She is working on her homework because Prof. Yoshida gave a lot of it.
   b. Prof. Yoshida is always mad at her class because they never study.
   c. Prof. Yoshida is kind, but he gets mad when students don't study.

B: Listen to the conversation and make a statement using ように .

■ You hear: A: 上田さん、今日も授業に遅く来ましたね。どうしたんですか。

B: すみません。バスに乗れなかったんです。

A: もう少し早く起きた方がいいですね。そうしたら、バスに乗れますよ。

B: 分かりました。明日から、そうします。

You write: 上田さんは、明日から朝早く起きるようにします。

| 外食 to eat out |
| がいしょく |

1. _____ ○

2. _____ ○

3. _____ ○

4. _____ ○

5. _____ ○

III. Expressing unchanged conditions using ～まま

A. Choose the drawing related to the conversation.

■ You hear: A: 服をたくさん着てますね。どうしたんですか。

B: 風邪を引いてしまったんです。

A: それは大変ですね。でも、吉田さんは健康には気をつけてますよね。

B: 昨日の夜、窓を開けたまま寝てしまって、風邪を引いたんですよ。

You write: <u>a</u>

a

b

c

d

e

f

1._____

2._____

3._____

4._____

B. 会話を聞いて、「〜まま」の文章を作る。

Listen to the conversation and make a statement using 〜まま.

■ You hear:　A: すみませんが、ドア、閉めてくれますか。

　　　　　　　B: あ、開いてますね。

　　　　　　　A: ええ。今吉田さんが帰ったんですが、ドアを閉めなかったんです。

　　　　　　　B: そうですか。

　　You write:　<u>吉田さんは、ドアを閉めないまま帰りました。</u>

1. _____。

2. _____。

3. _____。

4. _____。

5. _____。

IV. Using the conditional ～ ても and question word ～ても

A. Listen to the conversation and choose the statement that best describes the conversation.

■ You hear:　A: ポテトチップがたくさんありますね。

　　　　　　　B: ええ。でもこのポテトチップは、ちょっとしょっぱいですよ。

　　　　　　　A: しょっぱくても食べますよ。ボクはポテトチップが大好きなんです。

　　　　　　　B: しょっぱいものは、体によくないですよ。

　　　　　　　A: でも好きだから、食べます。

You see:　　a. He doesn't like potato chips, but he'll eat them anyhow.

　　　　　　b. He'll eat potato chips even though salty foods may not be good for you.

　　　　　　c. He'll eat potato chips even though he doesn't like salty foods.

You choose: b

1. a. He'll not take the exam even though he studied hard.
   b. He'll take the exam even if it's noisy.
   c. He'll talk to the professor because he can't think when it's noisy.

2. a. George's room is small and it's the smallest room in the dorm.
   b. George's room is rather big compared to other ones in the dorm.
   c. George's room size is the same as everyone else's even though it's small.

3. a. The man will go talk to the children because he knows they'll listen to him.
   b. The man will not go talk to them because he knows they will not listen.
   c. The man will go and talk to the children even though they may not listen.

B. Listen to the conversation and make a statement using 〜ても.

■ You hear: A: あ、あのコンピューターのセールですよ。安いですね。

B: あのコンピューターは、あんまりよくないですよ。

A: そうですか。じゃあ買わない方がいいですね。

B: ええ、すぐにダメになるんですよ。

You write: あのコンピューターは安くても買わないほうがいいです。

| エアコン   air conditioner |

1. _____。

2. _____。

3. _____。

4. _____。

5. _____。

V. Using the plain form + のに , *despite* ～ ; *although* ～

A. Listen to the conversation and choose the drawing that describes the conversation.

■ You hear:　A: 昨日のクラス、山下さんが窓の近く座ってたんですよ。

　　　　　　　B: ええ、

　　　　　　　A: それで、暑いから窓を開けてくれって頼んだのに、開けてくれないんですよ。

　　　　　　　B: 山下さんは、暑いのが好きなんですよ。

You choose: a

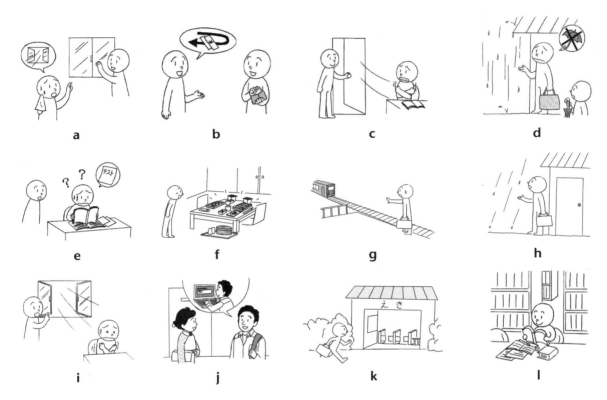

a　　　　　　　b　　　　　　　c　　　　　　　d

e　　　　　　　f　　　　　　　g　　　　　　　h

i　　　　　　　j　　　　　　　k　　　　　　　l

| 電池　　　battery |
| でん　ち |

1. _____

2. _____

3. _____

4. _____

5. _____

B. Listen to the conversation and make a statement using 〜のに

■ You hear: A: 森さん、昨日はどこかに行きましたか。

B: えっと、あ、昨日は図書館で勉強しました。

A: そうだったんですか。午後森さんの家に行ったんですが、いなかったから。

B: そうだったんですか。電話をしてくれればよかったのに。

You write: 男の人は森さんの家に行ったのに、森さんはいませんでした。

1. _____。

2. _____。

3. _____。

4. _____。

5. _____。

Part 2: Dict-A-Conversation

スミスさんは、アパートの大家さんの所に話しに行きました。

大家さん： _____。

　　スミス： _____。

大家さん： _____。

　　スミス： _____。

大家さん： _____。

　　スミス： _____。

大家さん： _____。

　　スミス： _____。

大家さん： _____。

　　スミス： _____。

大家さん： _____。

　　スミス： _____。

Chapter 11
第十一課
Talking about Employment
就職相談
しゅうしょく そう だん

Workbook Activities

単語の練習 Vocabulary Practice

質問に日本語で答えてください。

1. 面接には、どんな服を着ていきますか。
めんせつ

_____

2. 自己紹介には、どんなことを言った方がいいですか。
こ しょうかい

_____

3. どんな時に、すいせんじょうがいりますか。

_____

4. どんな会議がいいと思いますか。
ぎ

_____

5. どこで広告をよく見ますか。
こうこく

_____

6. 出張する時に、ひつような物は何ですか。
ちょう

_____

7. 履歴書には、どんなことを書きますか。
り れき

_____

8. やりがいのある仕事とは、どんな仕事だと思いますか。

　　_____

9. 友達にれんらくをする時に、何を使いますか。

　　_____

10. 大きいプロジェクトを始める時、何を考えないといけませんか。

　　_____

I. Using honorific expressions to show respect

A. Complete the table with honorific verbs and other appropriate forms.

Regular	English	Honorific Verbs
行く	to go	
	to come	いらっしゃる／おいでになる
	to buy	お買いになる／お求めになる
食べる		めし上がる
送る	to send	
見せる	to show	
知っている	to know	
	to teach	お教えになる
飲む	to drink	
する	to do	
座る	to sit down	
	to forgive	お許しになる
寝る	to sleep	
いる	to exist/to be	
	to use	お使いになる
だ	to be (copula)	
見る	to see	

B. Rewrite the sentence using proper honorifics.

1. 山田先生は、今日五時に家に帰ります。

_____。

2. 先輩の森田さんは、お昼にラーメンを食べました。
ぱい

_____。

3. 先生、いつ研究室にいますか。
けんきゅうしつ

_____。

4. 社長が、昨日そう言いました。

_____。

5. すみません先輩、ここで待って下さい。
ぱい

_____。

6. 今日、吉田先生は新しい服を着ています。

_____。

7. べんごしの南田さんは、新聞を読んでいます。

_____。

8. これは、ジョンソン先生が教えた教室です。

_____。

9. 課長、次の駅で乗りかえて下さい。

_____。

10. 社長は、短い歌を歌いました。

_____。

11. 先輩は、電話で大川さんにれんらくしました。
ぱい

_____。

II. Using humble expressions to show respect

A. Complete the table with proper humble verbs and other appropriate forms.

Regular form	English	Humble verbs
行く	to go	
	to come	まいる
送る	to send	
	to show	お見せする
たす	to add	
開ける	to open	
する	to do	
読む	to read	
	to drink	いただく
	to take out	お出しする
食べる	to eat	
えらぶ	to choose	
いる	to be/to exist	
温める	to heat up	
会う	to meet	
	to turn off	おけしする
思う	to think	
答える	to answer	

B. Rewrite the sentence using proper humble forms.

1. 先生、明日は十時に来ます。

   _____。

2. 課長、私が窓を開けます。

   _____。

3. 社長、空港まで見送ります。

   _____。

4. 先輩、私が先輩の写真をとります。

   _____。

5. 上田さん、私が晩ご飯を作ります。

   _____。

6. 先生、教室の電気を消します。

   _____。

7. 上司の南さんに、かさを貸しました。

   _____。

8. お客さま、きれいな紙 (paper) で包みます。

   _____。

9. 社長、これは私が電話します。

   _____。

10. 先輩、この書類は私がとどけます。

    _____。

11. 課長、ゴミは私がすてます。

    _____。

C. Complete the conversation using proper honorific and humble verbs.

■ Example: 学生: 先生、_____。

先生: 今日は、午前八時に研究室に来ました。

You write: <u>今日何時に、研究室にいらっしゃいましたか。</u>

1. 森田：先生、金曜日は学校に _____ か。

先生：はい、金曜日は学校に来ますよ。

森田：よかったです。質問があるので、何時に _____ か。

先生：そうですね。十時に会議があるから、十一時に来てください。

森田：はい。じゃ、十一時に _____。

先生：じゃ、金曜日に。

森田：失礼します。

2. Mr. Hayashi is talking to his senior.

先輩_{ぱい}：林さん、毎日、何時頃寝るんですか。

林：私は十一時頃ですが、先輩_{ぱい}は何時頃 _____ か。

先輩_{ぱい}：私は九時頃ですね。

林：早いですね。朝早く _____ か。

先輩_{ぱい}：そうなんですよ。五時頃起きますね。

林：それから、朝ご飯を _____ か。

先輩_{ぱい}：いいえ、家で朝ご飯は食べないんです。

林：じゃ、どこで _____ か。

先輩_{ぱい}：会社に早く着くから、会社の近くのハンバーガー屋さんで食べるんです。
おいしいですよ。

III. Expressing directionality in time using 〜ていく and 〜てくる

A. Put either 〜てくる or 〜ていく to finish the sentence to best fit the situation.

■ You see   A: 経済学の勉強は、どうですか。
   けいざい
          B: 経済学はむずかしくなって _____。
   けいざい

You write: <u>きました。</u>

1. A: ジョージさんは、この会社で何年間働いていますか。
   はたら
   B: 五年ぐらい働いていますね。これからも、働いて _____。
   はたら   はたら

2. A: あ、空が暗くなって _____。
   B: ええ、午後は雨かもしれませんね。

3. A: このごろは、ガソリンが高くなって _____。
   B: ええ、もっと高くなって _____ と思いますよ。

4. A: 五月になって、あたたかくなって _____。
   B: ええ、もうセーターはいらないですね。

5. A: 熱が下がりましたね。
   B: 薬を飲んだから、もっと下がって _____。

6. A: ああ、よかった。晴れて _____。
   B: ええ、これでピクニックに行けますね。

7. A: 日本語がよく分かるようになりました。
   B: 今まで、よくがんばって _____ からですよ。

B. Complete the sentences using either ～ていく and ～てくる . Conjugate it as necessary, i.e. tense, formality, etc. Choose the most appropriate phrase from the box below and put the corresponding letter in the parenthesis.

■ You see: 日本語が分かって _____ から、(　　　)。

You write: <u>きた</u> , and choose <u>A</u>.

A. 楽しいです	**B.** 今の課長が一番きらいです
C. たくさんの人が引っ越して行って	**D.** お刺身も食べられます
E. まだ十さいですからこれから	**F.** この人のはとてもていねいですね
G. 今買っておいた方がいいですよ。	**H.** 困っています

1. 南さんのお子さんは、(　　　) 大きくなって _____ よ。

2. この会社で三十年働いて _____ が、(　　　)。

3. 日本食には、だいぶなれて _____ よ。(　　　)。

4. これからは、この服のようなファッションがはやって _____ から、(　　　)

5. (　　　) この町はさびしくなって _____ ね。

6. 色々な履歴書を見て _____ が、(　　　)。

IV. Pronoun の, the noun こと, and ことになる／ことにする

A. Complete the sentence using either の or こと.

■ You see:　昨日読んだ _____ は、吉田さんの本ですよ。

You write: <u>の</u>

1. 私が昨日会った _____ は、小川さんです。

2. 一年前にできなかった _____ を、今やっています。

3. テストの時、忘れた _____ はこの漢字です。

4. ジョージさんが混ぜた _____ は、塩と砂糖です。

5. 森さんが言った _____ をもう一度言いましょうか。

6. きらいな _____ をそんなに考えない方がいいですよ。

7. 今話した _____ は、誰にも言わないで下さい。

8. 西山さんが買った _____ は、これと同じテレビですよ。

9. 間違っている _____ は、大川さんです。私じゃありません。

10. A: 誰が一番困っていますか。

　　　 B: 一番困っている _____ は、母なんです。

B. Complete the sentence with 〜ことにする、〜ことになる、〜ことにしている or 〜ことになっている.

■ You see: 明日、山田さんがスピーチをしてくれる ＿＿＿＿＿＿＿ からうれしいです。

You write: <u>ことになったから</u>

1. 毎年、夏はハワイに行く ＿＿＿＿＿＿＿＿＿。もちろん今年も行きますよ。

2. けんかをしたから上田さんとはもう付き合わない ＿＿＿＿＿＿＿＿＿。もう会いたくありません。

3. この大学では、十二月に試験がある ＿＿＿＿＿＿＿＿＿。変えられません。

4. 森先生が私のことをよく知っているから、森先生にすいせんじょうを書いてもらう ＿＿＿＿＿＿＿＿＿。

5. 来月、中国に出張する ＿＿＿＿＿＿＿ が、中国語が分からないから困ると思います。

6. 金曜日に面接試験を受ける ＿＿＿＿＿＿＿＿＿ が、自己 PR を考えていません。

7. いつも十時に寝る ＿＿＿＿＿＿＿ が、今日は寝られません。宿題がたくさんあります。

8. 日本に住みたいから、日本語のクラスを取る ＿＿＿＿＿＿＿＿＿。

9. きのう、会議で、雑誌に広告を出す ＿＿＿＿＿＿＿＿ が、よろしいですね。

10. 日本では富士山 (Mt. Fuji) に行く ＿＿＿＿＿＿＿＿ が、あんまり行きたくありません。山は好きじゃないんです。

V. Expressing quantity-related emphasis using quantity expression + も

A. Make two sentences for each situation. One sentence should use the expession "as much as" and the other sentence should use the expression "not even one."

■ Example:　　a. 十時間も寝ます。

　　　　　　　b. 一時間も寝ません。

Ex.	1	2	3	4
10 hours	3 times a day	5 hours	5000 yen	

1. a._____。

　　b._____。

2. a._____。

　　b._____。

3. a._____。

　　b._____。

4. a._____。

　　b._____。

B. Choose the best answer from the box below.

■ Example:　　あの映画は面白いね。_____
　　You choose :　A. 何回見ても笑ってしまいます。

> **a.** 五百枚も持っていますが
> **b.** 一度もアメリカに住んだことがありません。
> **c.** 五回も注意しましたが、言うことを聞きません
> **d.** テストはとてもよかったんです
> **e.** 明日までに本を三冊も読まないといけません
> **f.** 六人も乗れるんです
> **g.** 一ぴきもかってないんですね
> **h.** 一まいもありません
> **i.** 二十回も書きましたが、覚えられません

1. 森さんは英語が上手ですが、_____。

2. この車は小さいですが、_____。

3. この漢字は、とても難しいですね。_____。

4. あの子供達は困ります。_____。

5. 小山さんは犬アレルギーだから、_____。

6. 大学院のコースは大変です。_____。

7. 大山さんは、クラシックの CD を_____、

　　ロックはきらいだから、_____。

8. 安田さんは頭がいいと思います。一時間も勉強してないのに、

　　_____。

総合練習 Integration
そうごう

仕事さがし Job Hunting

Read the advertisement and answer the questions.

バベル・コミュニケーション

正社員募集：

カタログ・パンフレット　日本語 ⇔ 英語の翻訳

勤務時間：9:00 〜 18:00

給料：300,000 円 〜 350,000 円（月給）ボーナスあり

休日：土日祝他　年間休日：130 日

電話連絡の上、履歴書、推薦状を郵送して下さい。その後、面接を行います。

電話：03-4321-1234

A. Answer the questions in English.

1. What is the job? _____.

2. How much is the salary? _____.

3. How many days off do you have per year? _____.

4. If you are interested in working for this company, what do you need to do?

_____.

B. Write your resume in Japanese so that you can send it to this company.

C. Write a letter to your professor requesting a letter of recommendation to be written to this company.

書く練習 Writing Practice

A. Look at the chart on pages 513–515 of your textbook and write each **kanji** ten times using the handwritten style

就										
職										
相										
談										
面										
接										
記										
給										
立										
派										
申										
有										
向										
専										
門										

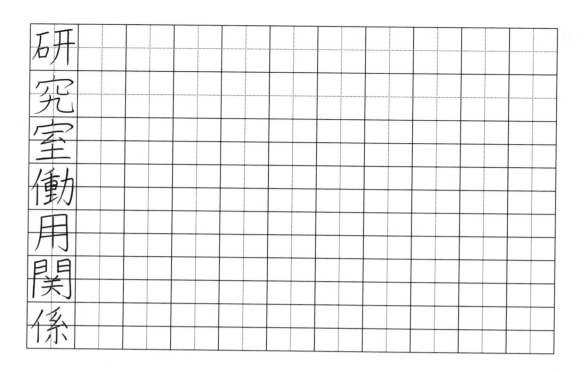

B. Rewrite each sentence using kanji, hiragana, and katakana.

1. あした、めんせつがあります。どんなふくがいいでしょうか。

_____

2. それでは、このもうしこみようしにきにゅうして、まっていてください。

_____

3. あのかいしゃは、とてもりっぱです。はたらきたいですね。

_____

4. よしだせんせいは、えいごのゆうめいなせんせいです。とてもいそがしいんですよ。

_____

5. しがつからしゅうしょくするかいしゃは、とうきょうにあります。

_____

6. えきのむかいにあるえいがかんで、まっています。

_____

7. あのみせは、こどもふくがせんもんです。

_____

8. あめりかとにほんのかんけいは、とてもいいですね。

_____

9. やまぐちせんせいのけんきゅうしつは、とてもひろいですよ。

_____

10. あのかいしゃは、きゅうりょうがいいからはたらきたいです。

_____

11. ざんねんですが、ようじがあってぱーてぃーにいけません。

_____

ラボの練習 Lab Activities

Part 1: Speaking and Listening Comprehension Activities

I. Using honorific expressions to show respect

A. Listen to the conversation and choose what describes the conversation the best.

■ You hear: 　A: 社長は、会社にいらっしゃいませんね。

　　　　　　　B: ええ、出張でホンコンにいらっしゃいました。

　You see: 　a: The company president went to Hong Kong for a business trip.

　　　　　　　b: The company president went to Hong Kong to vacation.

　　　　　　　c: The company president went to Hong Kong to be hospitalized.

　You choose: a

1. a. His senior studied for the exam for 3 hours, and went to bed at 12.
   b. His senior has two exams today, and got on the train at 6:30.
   c. His senior went to bed at 12 and has one exam today.

2. a. The movie is about cooking, and the professor is good at cooking.
   b. The movie will start at 3 o'clock, and the professor has seen the movie before.
   c. The professor has seen the movie before and it's about cooking.

3. a. There'll be a meeting at 2 o'clock, and the president will be there for sure.
   b. The president caught a cold and he'll be at the meeting, but will be coming late.
   c. The meeting starts at 2 o'clock, the president will probably not attend.

B. You hear sentences without using any honorific verbs. After listening to the sentences, rewrite them with using proper honorific verbs.

■ You hear: 山下先生は、今日３時から日本語の授業を教えました。そして、５時にうちに帰りました。

You write: 山下先生は、<u>今日三時から日本語の授業をお教えになりました。</u>そして、<u>五時に家にお帰りになりました。</u>

1. 社長は、_____。

2. 先輩は、_____。
   ぱい

3. 部長は、_____。

4. 先生は、_____。

5. これは、_____。

6. _____。

7. _____。

II. Using humble expressions to show respect

A. Listen to the conversation and choose the most appropriate description.

■ You hear:　先生：　今図書館から本を五冊借りたんですが、重いですね。

　　　　　　学生：　先生、私がお持ちします。

You see:　　a. The professor is making the student carry the books.

　　　　　　b. The student will carry the books the professor just checked out.

　　　　　　c. The student is carrying the books for the professor to get a good grade.

You choose: b

1. At a company
   a. He'll pick up Mr. Jones at the airport and go to a restaurant.
   b. He'll give a document to Mr. Jones after meeting him at the airport.
   c. He'll receive the coffee to give to Mr. Jones when he meets him at the airport.

2. At a job interview
   a. He is from Tokyo, studied in the U.S. for 2 years. He would like to work for this company because the company is big.
   b. He studied in the U.S. when he was a sophomore. He would like to work for this company because he can use his English.
   c. The reason he would like to work for this company is that the salary is better than most companies.

3. Over the telephone
   a. Mr. Morita will be back to the office at 3 PM, but cannot meet her today.
   b. Mr. Morita will be back to his office at 1 PM, and will leave at 3 PM.
   c. She will meet Mr. Morita at 3, but he isn't in the office right now.

B. Listen to the conversation. Find a mistake in the usage of honorific or humble verbs. Write what's wrong and make a correction. (Also check the English with the transcripts.)

■ You hear:　A: 山田先生、今朝何時に学校にまいりましたか。

　　　　　　 B: 今日は、午前 7 時に来ました。

You write:　Incorrect: まいりました　　　Correct: いらっしゃいましたか。

	Incorrect	Correct
1.		
2.		
3.		
4.		
5.		
6.		
7.		
8.		

III. Expressing directionality in time using 〜ていく and 〜てくる

A. Listen to the conversation and choose the most related drawing and indicate if the action/event is an on-going action into the future or an action that started in the past and has continued to the point where it has reached the current time.

■ You hear: A: これからもいい歌を歌っていきたいですね。

              B: ええ、楽しみにしていますよ。

You choose: A and circle Action into future

Ex	A.	(Action into future)	Started in the past and continued
1		Action into future	Started in the past and continued
2		Action into future	Started in the past and continued
3		Action into future	Started in the past and continued
4		Action into future	Started in the past and continued
5		Action into future	Started in the past and continued

    A   B   C   D

    E   F   G   H

B. Listen to the conversations and make a sentence using 〜ていく and 〜てくる.

■ You hear: A: あ、雲が少なくなりましたね。

B: よかったですね。朝は雨でしたが、午後は晴れますね。

You write: 晴れてきました。

1. ＿＿＿＿＿＿＿＿＿＿＿＿＿＿＿＿＿＿＿＿＿＿＿＿＿＿＿＿＿。

2. ＿＿＿＿＿＿＿＿＿＿＿＿＿＿＿＿＿＿＿＿＿＿＿＿＿＿＿＿＿。

3. ＿＿＿＿＿＿＿＿＿＿＿＿＿＿＿＿＿＿＿＿＿＿＿＿＿＿＿＿＿。

4. ＿＿＿＿＿＿＿＿＿＿＿＿＿＿＿＿＿＿＿＿＿＿＿＿＿＿＿＿＿。

5. ＿＿＿＿＿＿＿＿＿＿＿＿＿＿＿＿＿＿＿＿＿＿＿＿＿＿＿＿＿。

IV. Pronoun の , the noun こと , and ことになる／ことにする

A. Listen to the conversation and choose what describes the conversations the best.

■ You hear:　A: 今週の日曜日は、どうするんですか。

　　　　　　B: 西田さんとビーチに行くことにしたんですが、いっしょに行きますか。

　　　　　　A: ビーチですか。いいですね。じゃ私も行きます。

You see:　　a. She decided to go to a beach, but he's not going.

　　　　　　b. Someone decided that she'll go to the beach.

　　　　　　c. She decided to go to the beach, and he's going too.

You choose: c.

1. A holiday weekend is coming up.
   a. They always make it a rule to watch DVD movies on Sunday.
   b. It's been decided that they watch DVD movies on Sunday.
   c. He makes it a rule to watch DVD movies on Sunday.

2. They are on vacation.
   a. They decided that they would bring a towel to the pool.
   b. The rule is that you have to bring a towel to the pool.
   c. They always bring a towel to the pool.

3. They are studying at the university library.
   a. They decided to come to the library after they graduate.
   b. It has been decided that a new library will be built.
   c. They'll decide if they'll build a new library next summer.

B. Listen to the conversion and choose the most related drawing and the most related description.

■ You hear:　A: お医者さんに行ったことは、誰にも言わないで下さいね。アルバイトを
　　　　　　　　　休みたくないから。

　　　　　　　　B: ええ、大丈夫ですよ。誰にも言いませんよ。
　　　　　　　　　　じょうぶ

You choose: A and 1.

Ex.	A.		1.			2.		
3.			4.			5.		

A	B	C	D
E	F	G	F

夢 dream
ゆめ

1. He doesn't want anyone to know about his visit to his doctor.
2. They haven't had a fight for about half a year.
3. He went to a travel agent to make plans for spring break.
4. She ate breakfast even though she had a stomachache last night.
5. He would like to ask her for a date but is bothered by what she said earlier.
6. He would like to go to a hot spring in Japan.
7. They decided to have some tea.

V. Expressing quantity-related emphasis using quantity expression + も

A. Listen to the conversation and make statements using quantity expression + も .

■ You hear: A: 明日、映画をたくさん見ませんか。DVD を 10 枚借りましたよ。
か
B: え、10 枚ですか。

You write: 男の人は、DVD を十まいも借りました。
か

1. Husband and wife are talking about their daughter, Yoko.

   _____。

2. On Monday.

   _____。

3. Two students are talking.

   _____。

4. Two professors are talking at the cafeteria.

   _____。

5. Two co-workers are talking at a company.

   _____。

6. At a company.　（冷蔵庫 : refrigerator）
   れいぞう こ

   _____。

7. Two office workers are talking.

   _____。

B. Listen to the conversation and choose the drawing that matches it best, indicate the action and indicate the number using the phrase for "as much as" or "not even one" as given in the conversation.

■ You hear: A: テレビを三時間も見てるでしょ。けしますよ。

B: はい、分かりました。

You write: <u>A</u>, and <u>watched TV as long as 3 hours</u>.

Ex	A	watched TV for as long as 3 hours
1.		
2.		
3.		
4.		
5.		
6.		

A   B   C   D

E   F   I

J   K   L   M

Part 2: Dict-A-Conversation

Mr. Smith knocks on Professor Yoshida's office door.

先生：_____。

スミス：_____。

先生：_____。

スミス：_____。

先生：_____。

スミス：_____。

先生：_____。

スミス：_____。

先生：_____。

スミス：_____。

先生：_____。

スミス：_____。

先生：_____。

スミス：_____。

先生：_____。

スミス：_____。

先生：_____。

スミス：_____。